洞见 D2C

寻找新增长曲线

[日]角间实 著

刘江宁 译

中国科学技术出版社

·北京·

Original Japanese title: KOKYAKU WO TSUKANDE HANASANAI D2C NO KYOKASHO
Copyright © Minoru Kakuma 2021
Original Japanese edition published by Forest Publishing Co., Ltd.
Simplified Chinese translation rights arranged with Forest Publishing Co., Ltd.
through The English Agency (Japan) Ltd. and Shanghai To-Asia Culture Communication Co., Ltd.

北京市版权局著作权合同登记　图字：01-2022-0174。

图书在版编目（CIP）数据

洞见 D2C：寻找新增长曲线 /（日）角间实著；刘江宁译 . — 北京：中国科学技术出版社，2024.5
ISBN 978-7-5236-0424-3

Ⅰ . ①洞… Ⅱ . ①角… ②刘… Ⅲ . ①电子商务—商业模式 Ⅳ . ① F713.36

中国国家版本馆 CIP 数据核字（2024）第 038828 号

策划编辑	杜凡如　李　卫	责任编辑	刘　畅
封面设计	东合社·安宁	版式设计	蚂蚁设计
责任校对	张晓莉	责任印制	李晓霖

出　　版	中国科学技术出版社
发　　行	中国科学技术出版社有限公司发行部
地　　址	北京市海淀区中关村南大街 16 号
邮　　编	100081
发行电话	010-62173865
传　　真	010-62173081
网　　址	http://www.cspbooks.com.cn

开　　本	880mm×1230mm　1/32
字　　数	114 千字
印　　张	5.75
版　　次	2024 年 5 月第 1 版
印　　次	2024 年 5 月第 1 次印刷
印　　刷	大厂回族自治县彩虹印刷有限公司
书　　号	ISBN 978-7-5236-0424-3 / F·1200
定　　价	59.00 元

（凡购买本社图书，如有缺页、倒页、脱页者，本社发行部负责调换）

前　言

"最近经常听到'D2C'一词，它和传统邮购有何不同呢？"

"D2C是一种很难实施的品牌推广战略吧？"

"这只不过是把'直销'一词换成了英语而已。"

为了让持有上述想法的人明白D2C是一种每个人都可以掌握的新型销售方式，我特意编写了这本书。

备受关注的D2C（Direct to Consumer）这一新型销售方式至今仍处于不断变化之中。D2C模式中的"网络销售"只是第一波潮流，而该模式也被认为适用于一切经济活动。

本书虽然以网络销售为主题，但请各位读者一定要把它当作自己所在行业的故事来学习。

顺便一提，近年来新设网店的畅销产品往往在正式开业前就已经销售一空了。或许许多人会认为这些商店取得成功的原因在于它们事先邀请了有影响力的人对产品进行宣传或者曾经在网络上为这些产品造势，从而引起了人们的广泛关注。然而，即便是在网络上备受关注的产品也会时常面临销路不畅的状况。

其中，获得成功的企业就被命名为"D2C"企业。

由于 D2C 已经作为英语单词固定下来，所以人们普遍认为它不是一种能够立刻掌握的销售方法，而是实施起来颇有难度的品牌推广方法，或者（对一部分人来说）这个单词原本就没有实际意义。

因此，我们在第一章中会对 4 家持续创造新体验和价值的知名 D2C 企业进行深入的长篇访谈，详细地介绍其获得成功的诀窍。

他们在现实中积累的丰富经验和智慧将成为本书的亮点。

从第二章开始，我将为大家解读 D2C。以 D2C 和以往销售方法的差异为切入点，详细地介绍如何打造一个强大的 D2C 品牌。

虽然 D2C 是一种新型销售方式，但并非它的所有组成要素都是新创的。其中许多措施都是通过对旧方法加以改进或者依靠互联网才得以实施的。

但是，为什么 D2C 销售方式会得到广泛应用呢？

这是因为消费者的偏好和消费趋势发生了变化。

在新型销售方式逐步发展壮大的同时，服装企业等一批采用传统销售方式的企业慢慢地陷入困顿之中。

笔者曾经接触过许多 D2C 企业，它们始终固执地认为 D2C 的本质就是邮购。

然而，我通过采访和编写此书明白了一件事。

那就是世界上所有的商业模式都在逐步朝着 D2C 的方向靠拢。

希望本书能帮助更多的人了解 D2C 的全貌并对自己的商业活动有所帮助。

目录

CONTENTS

第一章
长篇采访：飞速发展的 D2C 品牌背后

小个子女性的救星品牌——COHINA　　003
来自中国台湾的养生品牌——DAYLILY　　037
深受粉丝追捧的增肌品牌——VALX　　062
着眼于细菌的保健品牌——KINS　　083

第二章
何为 D2C？

你是否认为 D2C 只是邮购的另外一种称呼？　　115
你是在销售汽车还是在销售幸福？　　121
所有的消费活动都将实现"D2C 化"　　123

第三章
D2C 在国外如火如荼

因新冠疫情而面临生存危机的服装企业　　127
进入 D2C 战国时代的日本制造业　　137

个性化产品与 D2C 相得益彰　139
以具有压倒性优势的产品取胜　142

CHAPTER 4

第四章
今后要敢于挑战 D2C 模式

D2C 模式的 5 个优势　147

CHAPTER 5

第五章
如何打造一个成功的 D2C 企业？

打造最强 D2C 企业的 8 个方法　159
打造 D2C 品牌不败神话的具体措施　164
老客户的体验是非常重要的　172

后记　175

第一章

长篇采访：飞速发展的 D2C 品牌背后

第一章
长篇采访：飞速发展的 D2C 品牌背后

小个子女性的救星品牌——COHINA

> 给予小个子女性更多的服装选择机会——一个由大学实习生创立的个人品牌。
>
> ——newn 股份有限公司 COHINA 联合创始人兼总监
>
> **田中绚子**

🎤 采访者：角间实

　　COHINA 的主营业务是为身高低于 155 厘米的小个子女性设计服装。品牌创立者田中女士在创立该品牌之时还只是一名大学实习生。田中女士本身也是一名小个子女性。当她在照片墙（Instagram）直播中展示了自己设计的服装之后便获得了大量的热心粉丝。田中女士坦言自己希望更多的小个子女性都能够穿上合身的衣服，而 D2C 则是实现这一目标的最佳解决途径。

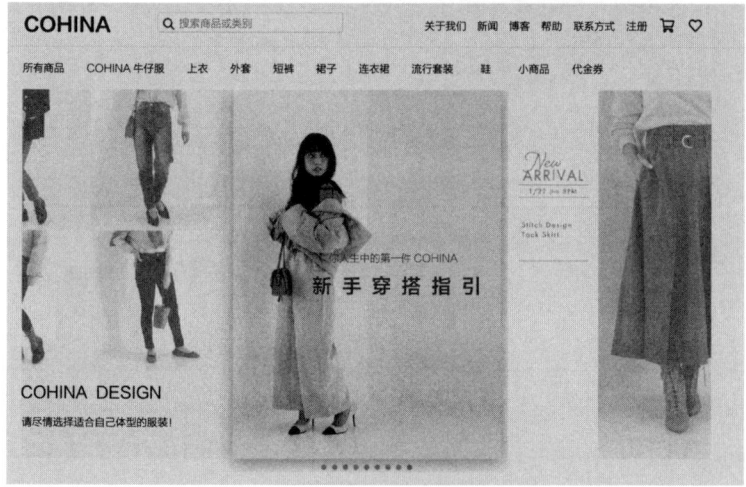

在大学实习期间创立自由风格的穿搭品牌

> **角间**：COHINA 在成立仅一年半的时间内就实现月销售额 5000 万日元，这已经引起了广泛热议。首先

第一章
长篇采访：飞速发展的 D2C 品牌背后

请您为我们讲述一下 COHINA 究竟是一个怎样的品牌。

田中：COHINA 是一款专为身高低于 155 厘米的小个子女性设计服装的品牌。其特点是通过照片墙等网络社交平台进行销售，并且<u>一年 365 天都会在照片墙上进行直播</u>。许多顾客以此为媒介了解并购买我们的产品，换言之就是通过采用 D2C 模式来拉近顾客和产品之间的距离从而实现产品的推广销售。

角间：您为什么要把目标受众设定为身高低于 155 厘米的女性客户群呢？

田中：我之所以这样做主要是基于市场需求和个人体验这两个因素。首先，市场中存在着数量惊人的小个子女性客户群。日本女性的平均身高是 157 厘米，约有 20% 的女性身高低于 155 厘米。其次，尽管这块"蛋糕"如此巨大且诱人，但迄今为止并没有出现完全针对这一群体的产品。就个人因素而言，我自己的身高是 148 厘米并且一直为穿什么衣服而苦恼不已。即便是优衣库的 S 码服装对于我而言也是尺寸过大的。有时候仅仅裁剪衣长就要花费两三千日元,这一度令我非常苦恼。

角间:两三千日元几乎是一件羊毛衫的价格呀!

田中:的确如此。另外,我经常会无法充分享受到设计的魅力。因为女性服装大多数会在下摆处精心设计,但如果因为衣服过长而被裁减掉的话,那么一件衣服最重要的设计也就消失不见了。

角间:这对于服装本身而言也是一种极大的损害啊!

田中:当今的人们都十分推崇"个性化",这是一个"个性时代"。一个人因为身高这一原本非人力可左右的身体特征而在表达自己和享受乐趣等方面受到限制,是根本就不应该发生的事情……<u>**因为我自己也深受身高的影响,所以要努力同那些有着相同烦恼的人共同应对这一问题,并制作出可以打破这种困境的服装。**</u>

角间:那么您具体是如何创立这个品牌的呢?

田中：COHINA 是我们公司继 Kinema 这一化妆水品牌之后开展的第二项业务。它是在我以实习生身份进入公司时创立的。

角间：以实习生身份进入公司——这就意味着您那时候还是大学生呢！真厉害！

田中：我的确非常幸运。在我刚进入公司的时候，Kinema 项目刚刚起步。当时的我跟着一位老员工学习并积累了大量经验，比如在开发过程中如何采访用户以及使用照片墙进行营销等。

角间：这的确是一段受益匪浅的实习经历。

田中：当时公司里并没有其他的实习生，员工也很少。能够在这样的岗位上看到公司拓展业务和建立品牌的全过程，这的确是一段非常有趣的经历。也正因如此，我才下定决心也要做一点儿有意义的事情。

角间：您从一开始就有想创业的想法吗？

田中： 是的。但当时的我还只是一名大学生，既不知道如何创造一个品牌，也不知道如何进行推广销售，因此最终陷入了想要创造一些东西但不知该从何处入手的僵局。直到参加 Kinema 这一项目的创建，我才意识到自己应该创作怎样的产品，于是便决定放手一搏。

角间： 原来如此。在运营 Kinema 项目的过程中，您是在什么时候意识到自己会获得成功呢？

田中： 说实话，我从未想过自己会有所成就。促使我产生这种想法的契机是当我掌握了许多宣传工具后。我曾经接触过照片墙、声田（Spotify）和贝思（BASE）等一系列平台，于是便产生了将它们为己所用的想法。

角间： 反过来讲，您是无论如何都坚信自己可以做到的。

田中： 是啊。<u>在初步掌握销售方法之后，就比较容易下定决心了。</u>

角间： 通过 D2C 这种新型销售方式进行创业的人一般到

最后才会产生这样的感觉，而您从一开始就有了这种想法。

田中：或许如此吧。但是我一直觉得一个人如果不了解销售途径，根本就不会产生创造新产品的欲望。

角间：的确如此。这真的是一段质量高、效果好的实习经历呢！作为一名实习生，您花费多长时间才创立了 COHINA 品牌呢？

田中：我是在 6 月份的时候以实习生身份进入公司，同年 8、9 月份便创立了 COHINA。

角间：也就是两个月的时间吗？

田中：是的。这种速度水平在我们公司算是常态，而行动敏捷地开展工作也是我在实习期间养成的习惯。

角间：是您自己决定要创立 COHINA 品牌的吗，还是经理要求您这样做的呢？

田中：这个品牌的创立是我自发的。当时我和另外一名联合创始人经常在一起讨论要创作新产品。之后我们经过深思熟虑,终于决定要基于"自身体验"和"他人需求"这两个维度来进行产品开发。

角间:的确如此。

田中:世界上已经存在琳琅满目的产品,因此如果要创造一个新产品的话,那么它必须具有前所未有的价值,否则便没有任何意义。另外如果它对任何人而言都毫无用处的话,那么它最终也只会成为垃圾。我们要创造的产品必须能够满足社会需求并引发他人共鸣。

在正式开始之前发起照片墙直播;比起粉丝数量,粉丝黏性更为重要

角间:据说贵公司一年365天每天都在照片墙直播,那么您是在何种契机下开始这种销售方式的呢?

田中:我们一开始都是依靠手工来裁剪所有图案并进行包装,这是因为我特别渴望与大家共同享受一起制作东西的乐趣和兴奋感。我们这种小品牌没有

第一章
长篇采访：飞速发展的 D2C 品牌背后

其他特殊手段进行宣传销售，也不可能一下子就出现在电视上，并且撰写博客文案进行宣传也需要耗费大量时间。当然，把关于产品的一切信息编辑成为一本书更是难上加难。因此我们决定采用**照片墙直播这种能够直接将产品展现在销售者面前的简单销售方式。**

角间：第一天有多少位用户观看了你们的直播？

田中：实际上，在直播初期也曾出现过只有一名用户观看直播的情况。

角间：只有一个人吗？

田中：两名主播面对一名观众，效率的确极低呀！（笑）

角间：那么现在有多少人观看直播呢？

田中：多的时候可以达到 500 人左右（存档人数为 1 万~2 万）。

角间：**从观众极少的状态成长至今的确非常不易。从某**

种意义上来说,机会对于任何人而言都是均等的,但是成功者却为数不多。请问您觉得自己获得成功的秘诀是什么呢?

田中: 我觉得每天坚持下去是最关键的。当然,内容有趣与否也至关重要。

角间: 怎样的内容才算是有趣的呢?

田中: 可以肯定的是,只要人们对某个项目产生了共鸣,就必然会保持长期的兴趣。另外,由于该项目是由两位身高分别为 148 厘米和 151 厘米的小个子女性发起的,所以顾客就会感觉像是自己的朋友在做直播一样。她们会对即将发生的事情充满期待,也会努力支持这个项目。 换言之,**正是因为她们能够站在同一视角来看待问题,所以便可以营造出一种长期的亲密感。**

角间: 这才是 D2C 模式能够获得成功的原因呀!那么您是如何实现用户增长的呢?

田中: 仅就 2020 年而言,参加东京少女时装周(TGC)

以及起用高桥爱等艺人等宣传手段掀起了不小的浪潮。但从根本上来看，真正实现用户数量增长的根本原因在于不断扎实地积累回头客。

角间：接下来我想先确认一下时间顺序，请问您是从哪一年开始创业的？

田中：2018年1月正式开业。

角间：那个时候您就已经在照片墙上进行直播了吗？

田中：是的。其实我们在2017年10月就已经确定了产品名称并开始销售一些单品，同时也开通了照片墙直播作为销售途径。一直到2018年1月，我们确定了产品标志（logo）、调整了产品页面并增加了产品数量。在彻底做好可以向大家展示产品等各项准备工作之后才正式宣布开业。

角间：也就是说，在正式推出产品的3个月前就已经开始照片墙直播了吗？

田中：是的。但是在初始阶段偶尔也会有几天没有直播，所以也不能说 1 年 365 天每天都在直播。但我们的确是在创业之初就开始将照片墙直播作为销售途径了。

角间：在销售产品之前就已经积累了忠实的粉丝群，这是 D2C 获得成功的关键因素之一。那么在照片墙直播上线 3 个月之后才正式营业，这是出于什么特殊目的吗？

田中：不，这只是一个结果而已。我们并没有特意设定 3 个月这样一个时间期限，只是单纯地增加产品数量就耗费了如此长的时间。因此，与其说这是为了构建顾客基础，倒不如说只是为了做好准备工作而已。

角间：那么，您不建议这种先积累一定程度的粉丝数量再开始直播的销售方式吗？

田中：我并不推荐这样做，或者说我认为没有必要这样做。我可以举一个实际案例作为参考。当时我们的粉丝数量只有 1000~2000 人，但是在发售的第一天就有人购买我们产品，这的确是非常幸运的。从某种意义上来说，**想要获得 1000 名粉丝并非**

难事，但只有保证在这 1000 人中有足够数量的人观看直播才能够卖出产品。

角间：您说的是粉丝黏性吧？

田中：是的。就算你只有 500 名粉丝，但只要黏性够大，那么依然可以在开业的第一天卖出产品。

照片墙直播销售与实体店销售别无二致，只要每天坚持，终会有所回报

角间：您是从一开始就决定每天都要做照片墙直播吗？

田中：不是的。但说实话，我从开始做直播之后就停不下来了。抱着"一条路走到黑"的想法，我设定了一年 365 天每天都要做直播的目标。在进行过程中，我逐渐感受到越坚持就越能够取得好结果。这与实体店每天都开张营业是同一个道理。

角间：的确如此。

田中：当进行现场直播的时候，我们能够与客户展开互

动。从客户的角度来看,他们获得了一个可以与商家直接进行交流的平台,仿佛自己真的置身于实体店之中。因此,一旦停止进行照片墙直播,就会让顾客误以为我们公司今天停止营业。

角间: 顾客并不是直接去浏览电商网站,而是先去观看照片墙直播吗?

田中: 的确如此。

角间: 一场直播大概需要多长时间呢?

田中: 店铺的营业时间越长,那么销售额自然也就越高。因此,我也曾经尝试一天进行两次直播或者将直播时长从一小时提升至两小时。在尝试了各种形式的照片墙直播之后,我们得出的结论是<u>**哪怕每次只进行一个小时也要每天都坚持**</u>。

角间: 但每天坚持也不是一件易事呀!

田中: 非常不容易啊!的确很辛苦。

第一章
长篇采访：飞速发展的 D2C 品牌背后

角间：这是您第一次进入服装行业吗？

田中：是的。我在初始阶段每天都要出场直播，所以感觉特别辛苦。之后我们便开始轮番上阵，直播内容也没有剧本限制且形式自由，主播可以畅所欲言。这种直播方式的管理成本并不高，并且只要主播拥有足够的热情就能够保证节目顺利进行。

角间：不愧是走在直播热潮前沿的品牌呀！

田中：直播效果很快就能显现出来，但是能够坚持每天都做直播的企业少之又少。为了将直播的效果发挥到最大，我们努力将直播转变成一种习惯。

"当事人意识"是一切工作的驱动力，在小个子女性服装中找到了灵感源泉

角间：接下来我要向您请教本次采访的最核心问题。从表面来看，贵公司的商业经营模式是通过电子商务网站满足低身高人群的服装需求。但是从深层意义上来讲，其中是否蕴含着某种理念或者思想呢？比如，通过销售适合低身高人群的服装来改

变某种现状或者创造一个别样的世界等。

👤 **田中**：我在参加东京少女时装周的时候再一次坚定了我的想法，那就是不能让小众永远止步于小众。我想打造一个"小众亦是常态"世界。

👤 **角间**："小众亦是常态"是什么意思呢？

👤 **田中**：<u>金无足赤，人无完人</u>。我认为每个人身上都存在一些不如他人的地方。比如我的身高低于多数人，有的人则可能是体重异于常人。甚至出生地、所在城市和居住场所的不同都会造成各种差异的出现。我想每个人都曾经因此感受到生活的不易和无法融入社会的疏离感。然而，这种差异也会给人带来"珍惜当下，重视自我"的感觉。这是一个信息繁杂但尊重个人情感和感受的时代，因此我想通过自己的产品来证明同一类型的人群集聚在一起必然会大放异彩。这就是所谓的"小众亦是常态"。

👤 **角间**：的确如此。

田中：东京少女时装周曾经只允许高个子模特展现自我，身高低于 155 厘米的人绝对不可能在 T 台走秀，但现在我们已经被认可为官方品牌。我相信，"小众亦是常态"的时代正在到来。我们要努力成为这一潮流的引导者，因为我希望更多的人能够生活得更加舒适。

（东京少女时装周以"将日本的少女文化推向世界"为理念，从 2005 年 8 月开始每年举办 2 次，是迄今为止日本最大规模的时装节。COHINA 在 2020 年的第 31 届时装节中展示了该品牌的首个 T 台风格系列。这也是首个以小个子女性为受众的品牌参加该活动。）

角间：这个想法太棒了！

田中：在销售方式上也有需要注意的地方。我想做的不是大量生产或者大量消费，而是"适当交付"。这与电子商务以及照片墙直播的特点完全吻合，或者说只有 COHINA 才能做到这一点。

角间：那么您对产品本身有什么严格要求吗？

田中：这个问题需要从设计和品质两个层面进行讨论。从设计角度来看，绝对没有第二家专门以小个子女性为主要受众的公司。很多人认为只要把大号衣服的尺寸改小就适合小个子女性了，其实不然。特别是对于大公司而言，要在服装设计过程中特别留意这些零散细致的考究是非常不易的——比如如何近乎完美地体现小个子女性的体形以及如何恰当地提高腰缝位置或者使身体轮廓显得更加纤细一些。

角间：您是按照年龄来划分用户对象的吗？

田中：虽然没有明确的划分，但从结果来看，我们的受众人群以 25~35 岁的人居多。COHINA 的服装设计大多是基础款，并没有太多剑走偏锋的个性设计。**只有这样的衣服才是真正面向小个子女性的。**
我以前也曾经买过童装，但童装毕竟是针对孩子设计的，所以穿上它让人看起来不够成熟。虽然高级百货商店也有适合小个子人群尺码的衣服，但那些都是适合于死板商务场合的夹克和裤子。**在很长一段时间内并没有出现真正能够满足 20~30 岁小个子女性需求的衣服。**

第一章
长篇采访：飞速发展的 D2C 品牌背后

角间：那您就算是挖到宝藏了！

田中：因此，我最先推出了一些基本款来满足这类人群的服装搭配需求。

角间：那么您有计划以后推出面向 10 多岁和 40 多岁人群的服装吗？

田中：是的。虽然目前还没有具体的规划，但是现在有越来越多的人在追求正装的简约化。基于这种需求，我想推出适合青少年或者 40~50 岁女性的服装。

角间：从照片墙的用户特性来看，我认为面向 10 多岁的青少年设计服装比较稳妥，但是您并没有这样做，这也和您提到的"当事人意识"有关吗？

田中：我觉得是这样的。首先是我不能完全充分地理解 10 多岁孩子的心情，其次或许是出于自我满足的目的，我最初想要设计的就是能够满足我的需求的服装。**从传达激情这一角度来看，我认为只要不是自己发自内心觉得可爱的衣服就卖不出去，也不想卖出去。**

021

> 角间：果然还是"当事人"最重要啊！

采纳粉丝们的意见，以合适的价格销售适当的产品

> 角间：接下来请您讲一讲产品质量吧。

> 田中：COHINA采用定点生产方式并与制造商建立了良好的合作关系。特别是此次新冠疫情暴发之时，对方表示在能力允许的范围内优先考虑生产我们的服装，这是十分难得的。我们从一开始就本着"不强加于人、共同进步成长"的理念与代工厂进行合作发展。

> 角间：这和稳定的日常供应以及产品质量都有着莫大关系吧？

> 田中：是的。许多D2C企业在这方面承受着巨大压力，因此我们也要咬紧牙关坚持下去。

> 角间：从性价比的角度来看，D2C不容易产生中间成本，因此节省下来的成本会反过来用于产品生产。这就是为什么某些产品外观相似且价格相同但质量

第一章
长篇采访：飞速发展的 D2C 品牌背后

却存在较大差异。反过来讲，这在一定程度上也有利于降低价格，您如何认为呢？

田中： 就我们这种小品牌而言，除非有一定规模的批量，否则产品成本会很高。另外，日本服装市场会随着四季变化而呈现出不同的潮流趋势，因此在批量不大的情况下想要展开大规模竞争是非常困难的。

角间： 原来如此。就服装行业而言，"WORKMAN 方式"难道不是最好的吗？据说他们可以在相同库存的情况下实现全年大批量销售。但无论如何，它都不适合 COHINA。（所谓"WORKMAN 方式"，是指通过计划性的大规模生产来降低成本，再加上其产品周期明显长于一般服装制造商，因此在无须打折的情况下便可以实现低价销售的供应模式。一旦当季的产品稍有过时，重视流行趋势和季节差异的一般服装制造商就必须马上进行打折处理，但 WORKMAN 这种以功能为导向的工作服不仅可以在下一季，甚至在第二年也可以出售。因此这种模式无须打折处理产品，同时还可以将节省下来的成本用于提高产品质量，最终达到以低价格生产高品质产品的目的。）

👤 **田中**：的确如此。这也是我为什么一直没有强调自家产品比其他公司的产品要便宜许多。因为我们一直是以合适的价格进行销售的。

👤 **角间**：在某些情况下，例如专门为残障人士提供产品的市场较为小众且批量不大，所以价格会非常高。但如何避免出现无底线价格飙升或者给制造商及客户带来损失的局面，这是一个非常具有哲学意义的课题。在这里，请允许我向您提出一个非常模糊的问题——"共鸣"一词在D2C模式中至关重要，那么对此需要注意些什么呢？

👤 **田中**：我认为需要注意的是**不要过分执着于积累粉丝**。

👤 **角间**：所以它不是明星和粉丝那样的上下级关系，而是一种接近于交朋友的感觉？

👤 **田中**：是的。你可以轻松地和对方聊天并了解他们的喜好。如果对方遇到什么困难，你可以认真聆听或者提出建议。甚至我们还可以主动与他们分享自己的近况等。

第一章
长篇采访：飞速发展的 D2C 品牌背后

角间：这完全就是朋友关系呀！感觉就像是即便三更半夜也可以打电话聊天的朋友一样。

田中：我认为<u>**最重要的是在网上建立一种"随时可以跟我打招呼"的关系**</u>。

角间：您有没有刻意地去追求创新？

田中：我觉得"做自己"最重要。或者说，我们只能别无选择地做自己。在公司成立初期，我们并没有足够的预算来投资创意，因此只能先通过展示自己最真实的一面来吸引那些认可我们的顾客购买产品。

即使预算充足，我们也不应该一味地追求过度创新，而是应该通过自己的语言来传达自身想法以达到吸引顾客的目的。我觉得这种方式更适合我们的品牌。

角间：您是通过交朋友的方式来抓住顾客的心，那么他们的心声或者想法能够具体地反映在产品之中吗？

田中：我们在每一季都会采取与顾客联合开发的形式来

制作产品。最近我们推出了一款运动衫，上面绣有我们公司的模特在演出现场书写的文字。当时，我们与客户共同讨论并确定了运动衫的颜色以及文字图案。这种联合开发的产品在今后也会定期推出。<u>**在这种情况下，我们就可以充分利用照片墙进行直播了。**</u>

角间：顾客们一定会很重视联合开发的产品吧？因为他们会非常在意自己的意见是否被采纳。

田中：是的。联合开发的产品会受到客户的极大关注。当然，我们通常做的是小规模问卷反馈而非大规模调查。

角间：您能举出一些具体事例吗？

田中：今晚我们打算在照片墙的动态精选版块中就明年春天要推出的浅口鞋进行问卷调查。（展示手机里的照片。）您可以看到左边鞋子和右边鞋子的脚尖形状是不同的。这个稍尖，而另一个则偏圆。此时我们就会问顾客喜欢左右两边的哪一个，然后根据调查结果来决定鞋子的形状。

> **第一章**
> 长篇采访：飞速发展的 D2C 品牌背后

角间：这的确很有趣！如果最终确定的鞋子形状和自己当初的投票一致，那么顾客一定会毫不犹豫地买下来。这就像是自己的意见被电台广播选中一样。

田中：的确如此。这可能就类似于电台广播和听众之间的关系。比起自己的想法，我们更优先考虑小个子女性的"便利性"。

角间：是否有其他品牌商主动找你们进行合作呢？

田中：偶尔也会有其他品牌商主动询问我们是否可以将他们品牌的常规产品进行小尺寸设计。COHINA已经成为"小"的代名词，所以我们也会积极地去做。

角间：他们都是大型企业吗？

田中：与大企业进行合作有时会因为批量生产等各种问题而导致矛盾出现。不过大企业主动提出合作请求的机会不多，所以我们对此还是持积极态度的。

角间：您是否担心与大企业合作会破坏自己的产品理念呢？

田中：因为我们要打造的是一个<u>**"有人情味的品牌"**</u>，所以产品不能被稀里糊涂地抛掷在不明就里的分销系统之中。我们工作的宗旨始终是"为小个子女性提供各种各样的选择"，因此只要能够更好地将品牌理念传递给大家，我们就不愿意放弃任何机会。

角间：小个子女性的便利性是优先考虑的要素吗？

田中：是的。这是我们始终放在首位的。

角间：换言之，您是要把该要素摆在比产品理念更靠前的位置吗？

田中：与其让客户接受我们企业的产品理念，不如让他们深刻体会到身着合适尺寸衣服的快乐。当然，如果他们能够爱上我们的产品理念，那是再好不过了。

角间：这是因人而异的。

田中：是的。但至关重要的一点是我们<u>**绝不允许出现通过刺激小个子女性的自卑感来宣传产品的情况**</u>。

角间：不能让小尺寸衣服成为"自卑型产品"的代名词吗？

田中：您说得没错。**我们并不渴望它发展成为大型连锁服装品牌，而是希望它能够给人们传递出"小众亦是常态"这样一种正确的世界观。**

角间：想必您为此做了非常详细的工作部署吧？请问您在 2020 年 11 月推出的"限地域电视广告"的反响如何呢？

田中：品牌的知名度明显提升，网站的访问量也大幅增加了。由此可见，面向小个子女性的品牌还是具有一定市场空间的。

角间：因为这是一种大众媒体方式，所以我认为 80% 的女性访问人群并不是小个子女性。那么您的广告是否也包含了面向这 80% 受众人群的信息呢？

田中：小个子女性毕竟也要在社会中生存，因此首先要让社会意识到这样一个品牌的存在是至关重要的。虽然我的个子很小，但是我知道社会上存在许多面向高个子人群的品牌。同理，我认为首先要考虑的是如何在社会范围内获得大家对新事物的认可。

> 角间：获得大家的认可会带来哪些好处呢？请您具体谈一谈。

> 田中：例如在某位小个子女性与朋友一同购物的时候，某位中等身高的女性告诉这位小个子女性有这样一个品牌的存在，我就会非常开心。虽然不能说小个子是一种武器，但我也希望大家能够将此当作普通个性来看待。

以COHINA的服装为契机，自发地形成了社群

> 角间：请问贵公司在经营品牌游击店❶吗？

> 田中：我们以前大约每个月都会做一次。

> 角间：那么您为什么想要经营品牌游击店呢？

---

❶ "品牌游击店"来自"pop-up store"一词，也被称为"快闪店""游击概念店"等，指在商业发达的地区设置临时性的铺位，供零售商在比较短的时间内（若干星期）推销其品牌，抓住一些季节性的消费者。——译者注

> **田中**：因为我喜欢面对面为客户提供服务,并且我认为这种方式会让客户更加满意。如果我们只在网上进行销售,那么就无法了解客户通常穿什么样的衣服以及他们的年龄和实际身高等信息。
> 我认为对于顾客而言,能够亲自试穿衣服并直接与主播进行交谈是一件好事。伴随着不同主播的换班上镜,有些顾客可能会一天之内来店三次。

> **角间**：这可算得上是忠实粉丝呀!

> **田中**：是啊。不管是线上还是线下,只有活生生的人站在前面才算得上是真正的购买行为呀!

> **角间**：贵公司有进一步增加粉丝数量的相关措施和机制吗?

> **田中**：我们并没有建立这样的机制,但是顾客们自发创建了一个非正式的 LINE❶ 群组来保持密切的联系。

> **角间**：这是自发形成的社群吗?

---

❶ LINE 是日本最常用的即时通信软件。——译者注

🙍 **田中**：是的，我们对此也感到十分惊讶。在直播过程中，我们留意到顾客之间的频繁互动。他们最初是通过照片墙的私信进行联络，继而交换 LINE 号，最后组建了 LINE 群组。在不断交流的过程中就会产生会面的冲动，于是就会开展各种形式的网友见面会。

🙎 **角间**：这种趋势难能可贵呀！

🙍 **田中**：当客人说起"今天是 COHINA 客户的网友见面会"的时候，我着实吓了一跳。因为我们对此毫不知情。有时候客户们还会相约一起光顾我们的品牌游击店或者同时身着 COHINA 的服装去迪士尼乐园游玩。

🙎 **角间**：热情高涨的人会吸引许多新朋友到身边并形成良性循环。

🙍 **田中**：我认为当某个群体面临相同烦恼或者有共同爱好的时候，他们的关系往往更容易变得融洽。顾客们也经常对我们大加赞赏："**我非常喜欢 COHINA 的衣服，但最让我心存感激的是这个品牌让我结**

第一章
长篇采访：飞速发展的 D2C 品牌背后

<u>交了许多新朋友。</u>"作为服装制作者，我从未想到会产生如此积极的效果。

角间：除了照片墙直播之外，您还采取了哪些措施来推广 COHINA 品牌呢？

田中：最主要的还是参加了东京少女时装周。当时我们还没有面向大众发布过品牌信息，所以这次机会难能可贵，也的确取得了良好效果。

角间：假设你被告知可以在电子商务网站开放当天参加东京少女时装周的话，那么你会参加吗？

田中：也许不会。当然这只是我现在的想法而已。

角间：为什么呢？

田中：我们公司的产品复购率非常高，能够达到 50%~60%。在没有这种客户基础的情况下，盲目地吸引客户的注意有可能会招致对方的厌恶。只有在保证做好运营管理、产品和样式设计的基础上才更容易让更多的人了解我们的产品。我之所以认为在 2020 年参加东京少女时装周是一件好事,是因为如果第一年就参加东京少女时装周的话,我们可能不会得到任何反响。

角间:您还有没有采取其他措施增加粉丝数量呢?

田中:我们在<u>开业之前进行了一次用户专访</u>。与其说是用户专访,不如说是熟人访谈,主要是对周围身高低于 155 厘米的小个子女性进行了大量的问卷调查。这些女性非常理解并支持该项目的启动,她们在项目开始之际为我们做了大量的宣传工作,甚至有些人在产品问世之前就开始为我们摇旗呐喊。虽然此次活动规模不大,但作为最初的宣传机制却发挥了重要作用。

角间:这对于创业公司而言是一张至关重要的王牌呀!话说回来,创建品牌游击店的下一步应该是建立常设商店吧?您对此有何打算呢?

田中:我们的确也在认真思考这个问题,只是还没有制订详细计划。不过我觉得要是能够在近几年实现这一目标就好了。

第一章
长篇采访：飞速发展的 D2C 品牌背后

角间：这些都充满不确定因素呀！不过，新冠疫情的暴发在一定程度上也会促进公司业务发展吧？

田中：的确如此。这是因为越来越多的人会通过在家观看我们的直播来决定要购买的服装款式和类型。另外，**如今的消费者宁可多花一些钱也要购买自己喜欢的小众品牌**，而不是盲目地追求那些价格低廉的大牌商品。此外，由于出行受限导致大家更加珍惜每次外出机会。为此，他们会毫不吝惜地装扮自己，仿佛在向世界宣告："这是一个多么重要的日子呀！我绝不能轻易浪费这一天。"

与此同时，上网时间的增加会让用户们有更多的机会来发掘自己喜爱的品牌和商品。因此，就会

品牌理念
让你散发迷人魅力的服装
COHINA 努力追求"小个子女性之美"，帮助你每天活出新个性。

在这个日益便利的时代，各式服装堆积如山。然而，没有一件衣服适合矮个子的我。每次我都会兴冲冲地拿着漂亮的服装钻进试衣间，但当我发现它们并不合适自己的时候就会失望至极。我经常不得不放弃许多自己喜爱的服饰，就只是因为我的身高低于平均水平。
为此我要设计出真正符合自身个性和要求的服装，让那些身材矮小的人们也能够淋漓尽致地展现自身的美感。在这种想法的激励下，当事人下定了要创办 COHINA 这一品牌的决心。
通过设计适合小个子女性的漂亮服装来给予她们更多展示自我个性的空间。

COHINA

有越来越多的人直接指名购买某件商品。

此时的人们购买某件商品并非出于一时冲动，而是源于内心深处对该品牌的渴望。 因此，我认为如何获得消费者的青睐将在未来社会中成为一个至关重要的课题。

第一章
长篇采访：飞速发展的 D2C 品牌背后

来自中国台湾的养生品牌——DAYLILY

> 最重要的是产品理念。
> 如若不然，D2C 就只会沦为一种纯粹的商业手段。
>
> ——DAYLILY JAPAN 股份有限公司首席执行官和联合创始人
>
> **小林百绘**

🎤 采访者：角间实

DAYLILY 是一款来自中国台湾的养生品牌。该品牌以中医为主题，在摒弃死板形象的同时注重打造休闲感觉，因此赢得了许多年轻女性的支持。那些在创业之初就始终追随该品牌的忠实粉丝被亲切地称为"姐妹"，这对于品牌打造起到了巨大作用。那么这种独特的文化是如何孕育出来的呢？

图为 DAYLILY 品牌的共同经营者王怡婷（左）和小林百绘（右）

以众筹为开端，灵活运用 Slack❶ 和其他工具来拉近与用户的距离

🙍 **角间**：首先，请您为我们介绍一下 DAYLILY 是一个怎样的品牌。

🙍 **小林**：它是一个来自中国台湾的中药养生品牌，由我和

---

❶ Slack 是聊天群组 + 大规模工具集成 + 文件整合 + 统一搜索。——编者注

第一章
长篇采访：飞速发展的 D2C 品牌背后

王怡婷小姐共同创立。她的父母很早以前就在中国台湾经营中药店，我从她那里听说了中医在中国台湾的发展状况，于是就想着一定要在日本甚至亚洲范围内进行推广。

角间：您在此之前熟悉中国台湾吗？

小林：不太熟悉，最多就是曾经去那里游玩过几次而已。我在读研究生期间认识了王怡婷并决定创办 DAYLILY 之后，才请她带领我参观当地。

角间：在中医文化原本就非常盛行的地方开创这样一种具有时尚感的品牌，当地人的反应如何呢？

小林：当地人对中医司空见惯，所以 DAYLILY 压根儿算不上什么时尚品牌，这一点令我非常吃惊。
（DAYLILY 以"提升女孩子的体温和心情"为经营理念，于 2018 年 3 月在中国台湾开设第一家店。）

角间：的确如此。中国台湾的便利店里经常会出售一种用中草药煮熟的鸡蛋，其味道非常鲜美。

小林：除了鸡蛋之外，还可以在便利店内轻松买到药茶等各种各样以中草药为原料的产品。这一点让我感觉非常不错。

角间：也正因如此，DAYLILY产品的精致感和国际感才能够凸显出来，从而让当地人大吃一惊吧？

小林：是的。DAYLILY产品的确让他们非常惊讶。

角间：您所经营的产品在日本有同类产品吗？

小林：就像我们日常喝的日本茶一样。

角间：原来如此。话说回来，您最初为什么要进行众筹呢？（众筹是由"群众"和"资金筹措"组合而成的新名词，是一种非特定人群通过众筹网站等途径向各种项目提供资金和协助的机制。）

小林：毕竟要想创立一个新品牌，首先就必须让更多的人了解并支持我。另外，<u>我也想和大家一起打造品牌</u>。

第一章
长篇采访：飞速发展的 D2C 品牌背后

角间：从实际情况来看，通过众筹，粉丝数量有所增加吗？

小林：是的。当时曾经帮助过我们的人到现在还会继续购买我们的产品且一如既往地鼎力支持 DAYLILY。说实话，没有当时那些粉丝的支持，就不会有 DAYLILY 的今天。因此，我十分庆幸当初选择了众筹方式。

角间：如果当时没有众筹这种方式的话，您打算怎么做呢？

小林：因为我们的品牌发迹于中国台湾，所以我们下了很大功夫在当地开展宣传活动。实际上，在新冠疫情暴发之前，不仅当地人，<u>**就连日本游客也会将其购买的产品和购物体验传到社交网络上。我们的产品就是这样通过口碑传播开来的**</u>。

角间：您在众筹之后为了增加粉丝数量又采取了怎样的措施呢？

小林：我们以开设品牌游击店的形式打入日本市场之后，第一时间为大家提供了最新信息并定期更新杂志。

角间：所以还是一步一个脚印地踏实推进吧？

小林：的确如此。

角间：贵公司还灵活运用了群聊工具 Slack 吗？

小林：是的。我们最近开始使用这款聊天工具并邀请老客户对新产品的制作提出了意见。

角间：请问有多少人参与其中呢？

小林：当时我们尽可能地把人数控制在 30 人左右，因为该活动最主要的目的是共同探讨制定 DAYLILY 最佳订购方式。之所以会这样做，只是单纯因为我们对当时的订购方式并不满意。

角间：这是什么意思呢？难道这就是人们常说的"每次都能收到相同信息，就等同于已经一键购买了"吗？

小林：这也是原因之一，但更重要的是我担心定期订购会成为姐妹们的精神负担。如果能够灵活改进订购方式的话，那么就无须每个月刻意地发送订购消息也

第一章
长篇采访：飞速发展的 D2C 品牌背后

能够保证姐妹们更加惬意地享受那些有价值的东西，否则我们所做的宣传推广工作将毫无意义。

角间：原来如此。贵公司通过改进订购方式吸引了大量的顾客，这其实也算得上是一种销售方式的改变。

小林：我希望 DAYLILY 这一品牌能够在将来创造出更多符合女性不同生活阶段和生活场景的产品。我认为订购是一种非常好的宣传方式，但是怎样才能够以更好的形式提供信息呢？最理想的状态是只在必要时刻提供必要数量的信息……我把关于这个问题的讨论全权委托给了参加 Slack 的姐妹们。目前已经历时三个月，她们至今仍在寻找最恰当的形式。但是我坚信终有一天能够找到。

角间：您能告诉我"姐妹"是什么意思吗？因为我发现 DAYLILY 不仅这样称呼顾客，而且也这样称呼内部员工。这是为什么呢？

小林：自众筹以来，我认为<u>所有的顾客和在店里工作的员工们都是一样的，或者说她们之间根本就毫无差别</u>。于是，我就想着确定一个共同称呼来表达彼此间的亲切感。我原本就读于一所基督教学校，那里会把老师们亲切地称为"姐妹"，这不就是一种刚刚好的距离感吗？虽然大家不是真正的姐妹，但这种称呼营造出了一种自己人的感觉。

角间：是一种类似于"嘿，兄弟！"这样的感觉吗？

小林：是的。因为我觉得这是一种可以轻松相处的平等关系，所以我就开始这样称呼顾客和店员们。

首先通过品牌游击店来逐步传递自身的价值观

角间：刚才您所提到的品牌游击店是如何经营的呢？

小林：我们最初只在中国台湾设店经营，后来越来越多的日本人也过来咨询我们能否在日本当地开设店铺。实际上我们也很想在日本开店，因此我们选择先在表参道❶尝试经营品牌游击店，以此来把握

---

❶ 目前人们常说的"表参道"特指涩谷区与港区之间的表参道，它是通往明治神宫向西的延伸道路。沿着该表参道一路布满具有时尚、文化和艺术等氛围的知名度极高的旗舰店，与原宿、涩谷、代官山共同组成东京四个主要特色街头时装店的聚集地。——译者注

第一章
长篇采访：飞速发展的 D2C 品牌背后

顾客们的真实态度和意见。

角间：那么，您认为开设品牌游击店有什么好处和弊端吗？

小林：最初在表参道开设品牌游击店的时候，我们完全依靠自己来租赁场地、装扮空间、设计通信系统等，最终取得了非常不错的效果。媒体朋友和日本全国各地的客户都光临我们的店铺，许多百货公司和其他商业机构也前来咨询洽谈合作。

角间：那真是盛况空前啊！

小林：是的。能够得到如此良好的反响令我激动不已。

角间：因此，您会选择继续在日本经营下去吗？

小林：是的。但是我觉得品牌游击店具有一定的局限性。因为品牌游击店的主要特征是限定期限，这就给人一种仅限于当时的感觉。不过，正是这种经历更加坚定了我们要创办实体店的想法。由此来看，这的确算得上是一个良好契机。

角间：在经营品牌游击店这一问题上，您对今后选择 D2C 营销方式的人们有何建议呢？

小林：虽然这样说有些奇怪，但我仍然建议大家**不要低价出售自己的产品**，毕竟百货公司和其他商业机构最重视的还是销售额。我们始终要努力与买家保持对等地位，不能把销售额作为唯一目的。

角间：的确如此。

小林：始终牢记自己的品牌理念是非常重要的。在看清这一点的基础上再开设品牌游击店的话，**就能够通过自己的切身感受来了解当地居民的主要特征、生活方式及产品使用习惯**等。从这层意义上来说，我觉得这样做是值得的。

角间：您的事业发展流程首先是进行众筹，其后在中国台湾开设旗舰店，之后在日本经营品牌游击店（包括表参道 ROCKET 店、有乐町丸之店、涩谷光绘店、梅田大丸店和博多大丸店）。接下来是诚品生活日本桥店（COREDO 室町露台 2 楼）的实体店吧？

第一章
长篇采访：飞速发展的 D2C 品牌背后

小林：是的。

角间：能够在这么大的商业机构内开办第一家分店，我想您一定经历了许多挑战。那么您认为哪种挑战最耗费精力呢？

小林：日本桥店是一个全新的商业机构，并且诚品生活也是首次进入日本市场。我认为这具有很大的话题性，所以会选择在此处开店。但是由于我之前没有过类似经验，所以一切都还在摸索中。

角间：冒昧地问一下，您和风险投资者进行过合作吗？

小林：目前还没有。在日本经营品牌游击店之后有数家公司曾经和我联系过。在那之前我们都是依靠自身资金和融资来经营的，而日本 1 号实体店的初期运作状况良好，所以我们会继续坚持做下去。不过我还是想要提升团队的实力，所以已经决定和风险投资者们见面。

角间：原来如此。

🧑 **小林**：我打算从中选择非常值得信赖的人进行合作，因为他们能够为我们的团队提供力量。除了提供资金支持以外，他们还能够帮助创业团队的成员完成之前没有完成的部分，这的确是非常有价值的。（DAYLILY 之后在大阪的大丸梅田开设了 2 号实体店，在有乐町丸和涩谷光绘开设了 3 号实体店和 4 号实体店。）

👤 **角间**：DAYLILY 差不多要进入多家店铺共同发展的阶段了吧？在店铺发展的过程中，您认为有什么需要特别注意的地方吗？比如对店铺位置的要求或偏好等。

🧑 **小林**：购买 DAYLILY 产品的人群主要是职场女性，所以我想把店铺开在职场女性较多的街道或者人们上下班经常光顾的生活圈内。

👤 **角间**：目前所有的店铺均位于商业机构内，您有没有打算开设临街商店呢？

🧑 **小林**：我认为这也是一个不错的主意，但是我认为这并不是我们的工作重心。与其刻意要求消费者光临临街商店，倒不如把店铺开在那些人们**经常光顾的商业机构或者与日常生活息息相关的场所之内**。

角间：这是因为临街店铺会让人产生一种特意抽出时间去购买产品的感觉从而引起人们一定程度的反感吗？

小林：如果顾客能够特意光顾我们的店铺，我当然会非常开心。但是我更希望大家能够按照日常生活的节奏来购买我们的产品，比如他们可以在购买服装和化妆品的过程中顺便来 DAYLILY 购买养生茶……

关键在于"关系的扁平化"，D2C 不只是一种商业手段

角间：话说回来，"**个性化（根据每个顾客的兴趣爱好提供相应内容的营销手段）**"一词成为当下的流行语，请问您对此将采取哪些措施呢？

小林：中医本身就是个性化的，处方药便是最好的体现。不过我对 D2C 乃至整个商业领域的个性化持怀疑

态度。

角间：目前了解个性的最常见的方法是设置 8 个问题来让对方回答。

小林：我们目前对于个性化问题没有采取任何措施，因为我认为更重要的是与当事人面对面进行愉快交谈并共同寻找出适合他们个人的物质条件、生活要素和情景状态，而不是一味地为了个性化而个性化。

角间：就目前的趋势而言，所谓的"**女性科技**"和"**女性护理品牌**"越来越多，而 DAYLILY 也可以算作在这一范畴之内。请问您如何看待这个问题呢？
["女性科技"来源于"FemTech"一词，它由 Female（女性）与 Technology（技术）两个词组合后简化而成。经过短短几年的发展，"FemTech"已经包括了关注女性健康的一系列技术支持的、以消费者为中心的产品和解决方案。]

小林：是的，许多杂志的科技专栏经常对我们的产品进行特别专题报道，但是我一直在想 DAYLILY 真的

第一章
长篇采访：飞速发展的 D2C 品牌背后

是一个科技品牌吗？我觉得它应该属于一种与女性五运六气和生活状态息息相关的领域。

角间：您有没有想过与此类杂志中出现的其他品牌进行合作呢？因为我很少听说 D2C 企业之间开展合作的。

小林：如果遇到合得来的企业，我一定会进行合作。但我认为与现有的大品牌进行合作反而更有利于创造出新事物。

角间：原来如此。接下来我们还要继续讨论关于流行趋势的话题，希望您不要介意。目前社会上还特别<u>流行在线诊病和在线咨询</u>，请问 DAYLILY 也在考虑加入其中吗？

小林：我们正在考虑这件事，严格来讲，也算是正处于实施阶段。我们是通过 LINE 等网络聊天工具与客户进行沟通的，但是我希望不要给人以肤浅之感。

角间：好的。之所以提出这个问题，是因为我感觉有越来越多的企业与 D2C 企业应该有的样子相去甚远。我曾经在某篇报道中读到过您的发言，其核心意思是不希望自己的企业被叫作 D2C 企业。对此，我想特意询问一下您的真实看法。

小林： 我认为把赚钱作为最高目标，把企业当作生意来经营是非常可悲的。因为这样的企业没有任何人文理念，也毫无特色，并且还会在产品广告宣传方面浪费大量财力。

角间： 明白了。另外，大约有 30% 的企业声称自己是 D2C 企业，但实际上只是联营公司而已。不过这两者之间的界限是非常模糊的。对于那些正在考虑做 D2C 企业的年轻人来说，您认为该如何避免出现这种情况呢？

小林： 我认为关键在于"关系的扁平化"。无论对于客户还是工作人员而言，最理想的状态是大家都能够保持一种平和状态。这与大企业制造新产品并销售给客户的关系绝对不同。<u>**它不是一种自上而下的给予，而是真正意义上的共同打造品牌的关系。**</u>人们经常从商业手法和存在方式的角度对 D2C 进行讨论分析，这其实是不对的。

角间：原来如此，这其实是一种关联性的体现吧？其中也包含了"谁来做"这一重要课题吧？

小林："谁来做"的确很重要，也是一门哲学。我认为<u>行为主体的重要性可以同哲学比肩</u>。换言之，我们必须搞清楚究竟是谁出于何种目的在怎样的理念指导下开展业务。

角间：您在就读于庆应大学研究生院之时曾经学过设计思维课程，那么这种哲学思维方式也是由此而来的吗？

小林：是的。我和怡婷都学习过设计思维课程，所以我们无论是在打造品牌还是在制造商品之时都非常重视哲学思维。

角间：那么，如何才能建立这样一种"品牌哲学"呢？

小林：必须要把握<u>自身信念</u>，例如 DAYLILY 所追求的品牌哲学就是寻找最适合自己的惬意生活方式。我认为最重要的是要找到自己毫不动摇地坚信的理念。

角间：也就是说我们要找到一个不错的切入点，然后坚定不移地持续推进？

小林：的确如此。另外，我认为寻找好的切入点不能依靠头脑思维，而是要凭借自己的身体感觉。我们要寻找的是那些<u>在思考之前便可令自己主观感受到惬意的事物</u>。这是一个非常具有设计思维的话题。

角间：如此看来，设计思维对于那些想要建立 D2C 企业的人而言具有巨大的参考价值。那么您在 DAYLILY 中是如何塑造这种设计思维哲学的呢？

小林：无论是针对店铺体验还是产品使用体验，我们每次都会脚踏实地去验证其是否真正能够给客户带来身体上的舒适感和愉悦感。我们会亲自体验购物过程或产品效果并在此过程中制定战略。这是一种非常具有设计思维的做法。

角间：在此基础上，您是否还有其他的产品发展规划或者想做的事情呢？

小林：因为 DAYLILY 是一个与日常生活息息相关的品牌，

第一章
长篇采访：飞速发展的 D2C 品牌背后

所以我们希望可以在衣、食、住等各个方面增加相应的产品数量。我们最初的目标顾客是和自己年龄相仿的 20~30 岁的女性，但最近也推出了针对更年期女性的产品。在那些追寻自我人生价值的女性朋友们需要帮助之时为她们提供所需——这就是我们的经营理想。

角间：DAYLILY 的产品包装非常精致，但并不夺人眼球。这从市场营销的角度看未必是畅销设计，那么您是有意这样做的吗？

小林：谈到设计，我们会经常使用"护身符"一词。事实上，对于台湾人来说，中医就是他们日常生活中的护身符，而 DAYLILY 则始终以该理念为导向，力图提供为人们健康保驾护航的产品。无论是设计还是产品本身，我都希望它能成为人们日常生活中的护身符。

角间：您所说的"护身符式设计"具体是指什么呢？

小林：橙色本身就是一种能够活跃情绪或提高体温的颜色，而稍显复杂的非平面化设计也是一种吉祥的象征。现在的D2C品牌无论产品质量好坏都会采用扁平化外形设计且款式大同小异。虽然我对此在一定程度上表示理解,但是我更希望DAYLILY可以与这些产品们划清界限并真正成为人们生活中的"护身符"。

要重视与顾客的"距离感",关键在于"松弛感"

角间:接下来我们换个话题。如果没有进行面对面咨询的话,那么想要销售这些中药产品是不是非常困难呢?

小林:不是这样的。因为我们经营的产品并非中药材,所以大家可以自由选择,当然我们也会根据顾客的实际情况积极推荐。

角间:那么您有没有考虑要开拓电子商务网站经营模式呢?

小林:我还没有真正思考过这个问题。不过,这听起来还挺有趣的。

第一章
长篇采访：飞速发展的 D2C 品牌背后

角间：您是和客户面对面进行交谈吗？

小林：是的。这种联络机制与在线咨询完全不同，它是一种更为坚实可靠的关系。有些人在网上购买一次产品之后便不再问津，而经常来店的顾客既可以在实体店里购买产品，也可以在网上进行选购。另外，他们之后还会连续不断地光临我们的店铺，而纯粹的在线咨询则无法达到这种效果。

角间：为了建立这种关系，光靠线上是不行的，还必须要有实体店吧？

小林：是啊。另外，在店中负责接待的姐妹们也发挥着非常重要的作用。目前，所有 DAYLZLY 商店共有近 40 名姐妹，**她们真心实意地与顾客展开交谈，这也是塑造品牌的关键步骤之一**。她们的讲解和宣传也会不断拓宽品牌的影响范围，这是非常有趣且有意义的。

角间：那么，品牌本身是否每天都会随着姐妹们的轮换而变化呢？

小林:是的。

角间:话说回来,目前电子商务受到前所未有的重视,那么您对电子商务在数字领域的发展前景有什么展望吗?

小林:我希望能够创造出一个更加美好或者更加刺激的体验。<u>无论顾客是在网上购买还是在店内购买,我都希望能够给他们传达出一种"我非常了解你"的心意</u>。当然,如何创造这种体验我还在不断摸索中。

角间:对了,您刚才提到了一种与大企业生产新产品并销售给客户这一模式完全不同的"扁平化关系",请问这也是时代潮流吗?

小林:我认为<u>消费者已经厌倦了单纯为了满足生活需求而购买产品的消费模式</u>。他们更愿意将自身投入到产品的开发和销售过程中并借此机会对产品理念产生哲学层面的共鸣。从目前来看,这是一种时代发展趋势。

第一章
长篇采访：飞速发展的 D2C 品牌背后

角间：原来如此。

小林：我曾就职于一家叫作"电通"的广告代理公司，当时我所处的部门主要是帮助客户开发新项目。那个时候我所接触的大客户们也都想着开展 D2C 业务，但最终都走向了大规模生产销售的模式。组织架构太大无疑会将产品和服务限定于某种框架之内。消费者对于这种背景及结果也是心知肚明的，<u>因为无论你如何费尽心思努力让自己的企业看起来像 D2C 企业，它都摆脱不了大企业的特质。如此看来，这的确不是一件易事。</u>

角间：大企业也不会开展小规模的生产经营吧？

小林：结果就是搞不清楚究竟是谁为了什么而制造产品。

角间：果然能不能做到"以人为本"是问题的关键。最近在 D2C 领域中也出现了很多与此相关的关键词，如"扎根当地"等。请问 DAYLILY 也有类似的想法吗？

小林：这恐怕就是我们的现状。由于我们的业务发源于中国台湾,所以"扎根当地"成为业务轴心。这也是我想要特别强调的一点。

角间: 从某种意义上来看,位于 COREDO 室町露台 2 楼的诚品生活日本桥店也是"台湾式"的吧?

小林: 是的。以租户形式入驻其他国家和地区的"诚品生活"本身就是中国台湾的代表性品牌,而日本桥店也是它在日本开设的第一家店。

角间: DAYLILY 非常重视与客户的近距离接触,但这一点在大企业中是很难实现的。您作为一位经营者有没有想过要把企业做大呢?

小林: 我们一直希望亚洲女性能够拥有健康愉悦的生活,因此目前也正在考虑如何能够最大范围地将这一理念传达给她们。为了实现这一目标,我也希望更大限度地开展跨境电子商务并增加商店数量。

角间: 但是随着公司规模的扩大,人与人之间的关系会不可避免地走向疏远。为了保持与客户之间的密切联系,您打算采取哪些措施呢?

🙎 **小林**：我想好好地保留现有的"松弛感"。换言之，我们不必刻意追求事事完美无缺，当然这并不意味着要以随便的心态来做事。另外，我也希望能够继续保持**客户参与产品制作**这一模式。

如果客户和员工们可以继续像过去一样以"姐妹"的身份开展合作并保持适当距离的话，那就是最理想的状态了。

深受粉丝追捧的增肌品牌——VALX

> D2C不能只依赖广告,而应该与顾客打成一片以获得忠实粉丝的追捧。
>
> ——杠杆力(Leverage)股份有限公司代表
> **只石昌幸**

采访者：角间实

VALX是一个健美人员和私人教练专用的D2C品牌。它的独特之处在于不依赖广告,而是通过山本义德这位肌肉训练界领袖人物的向心力来吸引忠实粉丝。另外,它还利用网络社交平台与粉丝开展交流并分享丰富的油管(YouTube)视频,因此它拥有其他D2C品牌无法企及的粉丝数量。那么,这个堪称"VALX潮流"的经营战略是如何产生的呢？

第一章
长篇采访：飞速发展的 D2C 品牌背后

以增肌蛋白粉为切入点主攻高阶专业人士市场

角间：据说在不依赖广告的情况下，该品牌成立之初的 1 年内累计销售量就突破了 10 万件。首先，请您给我们讲一讲"VALX"是如何产生并发展壮大的。

只石：VALX 是一款主打增肌业务的 D2C 品牌，成立于 2019 年 10 月 5 日，目前主营产品是各类蛋白粉和营养补充剂等。它的独特之处在于不依赖广告，而是借助山本义德这位肌肉训练界领袖人物的魅力来吸引粉丝。另外，我们还在山本老师的指导下通过油管和其他网络社交平台为主要途径进行产品销售。

角间：具体受众是哪些人呢？

只石：创立增肌品牌一般都会首先从蛋白粉入手，但由于我们是市场新进入者，所以便决定以某些特定产品作为切入点进行营销。这些产品就像矛头一样，更准确地说就像是牙签一般深深地扎入本就繁杂的市场之中。

因此，我们着眼于利基市场❶并推出了一款含有9种人体必需氨基酸的营养品"EAA"。

在目前的健身行业中，很多人都在服用一种包含3种氨基酸在内的"BCAA"，但是如果人们能够同时摄取上述9种无法单纯依靠人体合成的氨基酸，那么增肌效果会大幅提升。因此，我们最初采取的策略就是只针对那些对营养素搭配有特殊要求的"肌肉锻炼王者"进行营销。

（BCAA具有3种必需氨基酸，而EAA则具有9种必需氨基酸，它同时具备了HMB和BCAA的双重功效，可以被视为构成人体蛋白质的基础。）

角间：原来如此。看来贵公司是要主攻高阶专业人士市场呀！

只石：我们首先通过EAA这款产品深深地打进市场，然后针对专业人士推出一款蛋白质含量高达90%的高品质蛋白产品"WPI"，最后预定销售一款面向普通人的产品"WPC"。换句话说，从EAA逐步

---

❶ 利基市场指那些被市场中的统治者或有绝对优势的企业所忽略的某些细分市场。——译者注

扩展到 WPI 和 WPC 的过程也是目标受众人群从专业人士向普通人士转化的过程。我们通过这种策略来分阶段地扩大粉丝基数。

（将牛奶中含量仅为 20% 的珍贵乳清蛋白制作成乳清蛋白粉的工艺仅有两种，一种是市面上比较流行的"WPC"的制作方法，该制作方法较为简单且价格低廉；而另外一种则是需要彻底去除杂质的"WPI"的制作方法，它是一种高度纯化的乳清蛋白且蛋白质含量超过 90%。由于后者的吸收速度较快且节省训练时间，因此受到那些追求高质量蛋白质的人群青睐。）

角间：从一开始就确定好了这种战略吗？

只石：是的，从一开始就确定了。

角间：那真的很厉害！

只石：原因可以追溯到我们当初为什么要开创健身事业。我们在 4 年前曾创办了一家名为"减肥管家"的网站。它的目的就是将私人健身中心和减肥用户进行匹配，从而建立起一个由 2000 名私人健身教练组成的网络。之后，我们对这 2000 名私人健身教练进行了题为"你最想跟谁学习锻炼肌肉"的问卷调查，结果"山本义德"这一回答占据了压倒性优势。因此，我们便邀请山本老师担任指导并决定最先销售这 2000 名培训师所中意的产品，于是便推出了面向专业人士的高品质氨基酸产品。

（山本义德是健美界和举重界中的传奇人物，也是一名在无数日本国内和国际比赛中获奖的知名人物。他的油管频道"山本义德肌肉训练大学"拥有超过 33 万名粉丝。）

角间：这种经营战略非常厉害！那么产品的开发情况如何呢？一般的 D2C 企业都会将客户的反馈意见反映在产品之中。

只石：我们自始至终都非常重视一件事情，那就是对成分配比和商品设计进行严格把关。除了真正有价值的东西以外，我们不会发售其他任何产品。因为我们十分重视客户的感受和体验，所以在不知不觉间就形成了良好口碑，而产品也就销售出去了。

一切经验都是在基恩士（Keyence）学到的，真正的开端始于辞职后的一次挫折

角间：即便如此，那么为什么 VALX 品牌在短短一年多的时间内就表现得如此出色呢？

只石：这也与我的前半生有着密切关系。<u>目前，我所经营的公司 Leverage 所采用的营销方法源于基恩士。</u>

角间：您所谓的"基恩士"是那家以高薪而闻名全日本的企业吗？

只石：是的。我从大学毕业之后就直接进入了基恩士公司并在那里学到全部经验。我们公司非常重视机制并且只做别人不做的事情，这也是受到"基恩士式经营战略"的影响。
我在辞去基恩士的工作后便立刻成立了 Leverage 股份有限公司，当然这并不意味着一切都非常顺利。我的叙述可能会有些冗长，请问您介意吗？

角间：洗耳恭听。

第一章
长篇采访:飞速发展的 D2C 品牌背后

只石:最初在找工作的时候,我绞尽脑汁地想要进入基恩士公司。为此,我潜入日本最知名的 6 所大学中除了东京大学以外 5 所大学的教务处并抄下了校友名单上的电话号码,之后给 72 名基恩士公司的内定者❶打电话,不断向他们请教如何才能够进入基恩士以及具备何种品质的销售员才能够在基恩士公司中大显身手。虽然这种做法听起来不太光彩,但的确帮了我大忙。

角间:您太厉害了!

只石:提起基恩士,它的确算得上是一流企业。正如您刚才所说,我当时的平均年收入是 1600 万日元,这仅次于富士电视台的工资,全日本排名第二。通常情况下,我是绝对不会被录取的,但在面试过程中我却成了基恩士正在寻找的完美人选。从某种程度上来讲,这可以算作是我人生中的成功故事。也许我不应该偷偷地给内定者打电话,但也正因如此,我才能够爬上基恩士这座高台,因此我没有任何遗憾。接下来步入正题。我是通过

---

❶ 内定者指已经与企业签订就业意向的学生。——译者注

耍小聪明才进入了基恩士公司,但由于我的能力达不到岗位要求,所以在3年后被解雇了。我在被解雇的第二天就开始从事公关行业。

角间:是接客行业的公关吗?

只石:是的。但是由于我是大学学历又曾经就职于超一流企业,所以我总会有一种莫名其妙的自我优越感。我不屑于向任何人请教如何做好公关工作,同时也没有任何人愿意教我这样的人。结果就是我的事业进展并不顺利,不到两年就匆匆辞职了。

角间:原来您过去还有这样的经历呀!

只石:我的命运从那以后一落千丈,我甚至一度与所有的朋友都断了联系。但是在一个偶然机会下,我与一位朋友进行了通话,没想到他居然责备我说遇到这种事没有早点儿告诉他,之后他还主动向我施以援手。另外一位朋友甚至还送给我一台二手笔记本电脑,然后我便用这台电脑开展联合加盟业务。

当时的我想把这项业务做到极致,于是便去了一家联合加盟业务公司请求他们为我介绍该领域内最成功的人士。之后在该公司的帮助下，我顺利地见到了这名成功人士并在他的指导下经营业务，转眼间就在 1 个月的时间内赚到 100 万日元。此时，我才深刻地意识到**只要自己敢于请教，就一定会有人愿意施以援手，之后只需按照所学经验去做就能够获得成功**。

角间：因此，您舍弃了自己在做公关时期的自尊心呀！

只石：是的。虽然我现在已经创业 14 年，但是每当遇到不懂的难题时还是会积极向他人请教。在经营 VALX 这一品牌时也是如此，从决定启动邮购业务的那一刻起，我大概和包括 D2C 企业经理、营销人员以及物流经理在内的 30 余人交谈过。简单来讲，我就是复制了这些人的成功经验。当进展不顺利的时候我还会主动听取成功人士的意见建议，之后再次进行尝试。正是因为我敢于反复尝试进行这种"PDCA 循环❶"，所以才创造了今日的成

---

❶ "PDCA 循环"又被称为"戴明循环"，指"计划-执行-评价-改善（Plan-Do-Check-Act）"这样一个质量持续改进模型。——译者注

就。另外，我也在一年半的时间里把我的油管粉丝数量发展至 31 万，这也源于我曾经向专业人士虚心请教学习。

角间：原来如此。由此可见，学以致用还是非常重要的。

只石：当然，另一方面也是因为我拥有一批高素质的员工，他们都十分擅长把事情做到极致。我认为我们之所以能够如此迅速地取得成功，就是因为选择了最短路线。具体来讲，我会给那些决心坚持到底的员工提供额外知识并督促他们利用这些知识来完成任务。然而，令人意外的是其他人并不会主动向他人请教。

角间：您能具体地谈一谈吗？

只石：例如，有很多年轻的创业总裁前来拜访我，但是他们却只会说一些诸如"我也渴望像 VALX 品牌一样努力做好邮购销售业务"、"嗯，做些什么才好呢"、"对对对，就应该这样"、"哦，原来如此"或者"原来如此，我会全力以赴"等似是而非的话，然后便若无其事地离开了。我特别想问一问他们到底是为了什么才来到我这里（笑）。

- **角间**：他们好不容易才和您见面却没有提出有价值的问题。

- **只石**：是的。可能是因为他们已经决定要用自己的方式来行事。当然这样也未尝不可，但是为什么明明眼前就站着经验丰富的人却不积极询问呢？或许是因为他们极度害怕自己的产品遭到否定，所以不愿意听取任何建议。

D2C 模式不可以只依赖广告，而应该坦然地直接面对顾客

- **角间**：有一些经营者对 D2C 模式持否定态度，您对此有何看法？

- **只石**：只有做到直接面对顾客才算得上是真正的 D2C 模式，但是在很多情况下 D2C 模式却过分依赖广告。因此，我们为了了解顾客的实际感受而召开了座谈会。我并不是讨厌"D2C"这个词，也并非要否认我们是 D2C 企业，而是说**如果要真正提升效果，就应该投入更多的时间去贴近顾客。**

角间：顺便问一下，贵公司的广告比例是多少？

只石：目前不到企业支出的 10%。

角间：啊，真的吗？

只石：是真的。就邮购业务而言，我们的广告比例的确很低，但是通过充分利用油管和其他网络社交平台却达到了预期效果。更有趣的是，通过油管等渠道了解并购买我们产品和服务的顾客其生命周期总价值❶更长，顾客流失率也不到 8%。

角间：能达到这样的效果简直太厉害了！避免过度依赖广告的最好办法是倾听客户的意见吗？

只石：做到这一点即可。因此，我每天都会在推特（Twitter）上对"VALX"、"EAA"、"山本义德"、"Leverage 股份有限公司"以及我自己的名字进行网络自

---

❶ "生命周期总价值"是客户终身价值的体现，是公司从用户所有的互动中所得到的全部经济收益的总和。——译者注

搜[1]。对于那些因对产品不满等原因而写下负面评论的顾客，我都会直接发送信息与他们进行沟通。

角间：这些都是您亲力亲为吗？

只石：是的。进一步来讲，只要能够细致入微地处理顾客们的意见，那么粉丝们就会更加忠诚。**我们的关键绩效指标不是创造"粉丝"，而是创造出更多"忠实粉丝"。**顺便说一下，我的忠实粉丝都有一个共同行为，你猜猜是什么？

角间：是什么呢？

只石：在网络社交平台上发帖。

角间：原来如此。他们是想把自己喜欢的事物分享给别人吧？

---

[1] "网络自搜"来自"ego searching"一词，它是指通过在知名度较高的搜索引擎中搜索自己的名字或公司名等信息来查阅关于自身的评论。——译者注

只石：是的。如此一来，我只要不断提升这些乐于分享信息的忠实粉丝数量，就能够实现 D2C 模式的最高战略效果并给所有人都带来幸福。

正因为产品过剩，所以每天都在探索什么是可选择产品

角间：VALX 之中的私人教练会热情地帮您推销产品，这也是您获得今日成就的一个重要因素吧？从某种程度上看，他们承担了中间商的角色。

只石：他们的确发挥了重要作用。不过，私人教练既可能是卖方也可能是买方哦。

角间：的确如此。不过这也没什么差别吧？

只石：我们不能把他们看作是中间商。<u>我从没想过让他们帮我销售产品并给予一定金额的报酬，反而是他们主动要求帮我推销产品。</u>

角间：您太厉害了！

第一章
长篇采访：飞速发展的 D2C 品牌背后

只石：换言之，我就是要让他们达到狂热的程度。<u>**我们的使命就是让专业教练也为之疯狂。**</u>

角间：诚然，私人教练是最强有力的联络者。因为他们是与目标受众关系最为紧密的人。

只石：产品的功能性固然重要，但更重要的是要结合故事进行宣传。我们要认真地向顾客讲述为什么要推介这款产品来引起他们的共鸣。那些买家继而会口耳相传，而我们的产品也就在不依赖广告的情况下实现畅销。如果要对抗大型 D2C 企业的话，这无疑是一个非常正确且有效的战略。

角间：这种做法真的会让人感觉精神振奋呀！在我看来，D2C 模式的出发点是非常纯粹的，就好像一家非常有人气的拉面店最初就只是为了给每位顾客提供美食。

只石：苹果公司的 iPhone 不是装在白色盒子里吗？当我们把白色盒子的盖子拿在手上，下面的盒体在悬浮起来一会儿之后才轻柔地落下。请问您知道打开盖子需要几秒吗？

角间：多少秒呢？苹果公司连这种细微之处都计算了吗？

只石：我记得是 7 秒。因为超过 8 秒会让人焦躁不安，而如果低于 7 秒的话则会降低用户的期待感。换言之，顾客们要投入 7 秒钟的时间来打开包装盒。苹果公司的营销战略就是通过这种阻逆感来让粉丝们在接触到产品之时产生兴奋感。<u>**我们也希望通过网络社交平台达到这样的效果。**</u>

角间：在产品如此丰富的时代，消费者们更重视体验而非物质本身。因为越来越多的人想要获得舒适体验，所以这种战略无疑是成功的。

只石：如您所说，我们也敏锐地意识到产品过剩的事实。我在基恩士工作期间接触到市场营销并产生了深切体会，那就是<u>**如果营销者一味地生产、销售与他人毫无二致的产品，那么必定会以失败而告终。我们要追求的是真正受到消费者青睐和追捧的产品，这才是市场营销的真正价值所在。**</u>尽管眼下 D2C 模式非常受欢迎，但如果你盲目尝试或者只想着提升产品的生命周期总价值，那么最终也无法达到预期效果。

我们之所以要在产品生产销售过程中更加重视客户体验和热情等要素，是因为这些附加价值有助于企业在物质过剩的背景下开拓更大的利润空间。

角间： 这种真挚的态度是不可或缺的。

只石： 很多人都只追求产品的销量，但我觉得**倒不如去倾听一下市场的声音并向消费者询问应该生产怎样的产品，这样才不会浪费时间。**

当然，我并不是说只有采纳顾客意见之后生产出来的产品才是好的。我自己在某种意义上也算是一名客户，作为用户，我也会产生"太可惜了，如果能这样改进一下就更好了"或者"如果市面上还没有这款产品的话，那么就由我来做吧"一类的想法。这就是自己从用户角度发出的最真实心声。总之，我还是想进一步强调用户意见的重要性。

希望通过 VALX 来改变 D2C 模式的规则和顾客的价值观

角间：D2C 模式不仅要关注产品本身，而且更应该重视销售主体。那么您是如何看待这个问题的呢？

只石：在战后物资匮乏、生活困难的时代，只要你生产出某件产品就能够和其他公司一样实现畅销。那是因为当时的市场处于供不应求的状态。然而现如今物质极为丰富，甚至达到了过剩状态，结果人们反而不知道该购买什么了。于是，他们就会把自己尊敬或喜欢的人所提出的建议当作判断标准。我非常喜欢看书，但大部分书都是其他经营者推荐给我或者是我在推特上看到别人发表的荐书帖子之后才购买的自己感兴趣的书籍。在日常生活中，这种经历数不胜数。

角间：的确如此。

只石：如果顾客只是在电视广告中看到某位陌生明星在推荐产品的话，他们根本不会产生任何共鸣和反响。但是在 VALX，山本老师不仅参与蛋白粉和

EAA 的销售环节，而且每天还会在油管上讲解如何进行肌肉训练、减肥及塑形等。因此，油管不仅仅是一个销售渠道。虽然 VALX 成立时间不足两年，但是我认为这种销售方式是获得成功的关键。

角间：也就是说，<u>山本义德先生不单单是广告招牌，而且还承担了销售者的角色？</u>

只石：的确如此。更重要的是，我们还给经常购买 EAA 的顾客赠送一些在油管上未公开的特别视频，有时也会附赠一些新奇礼品。

总之，我们要尽可能多地接触顾客。

其实，油管本身就是最强的触点。其他企业的触点太弱，以至于他们会强迫顾客成为固定会员且不告诉他们如何中止服务，甚至还会减少电话窗口的数量。

角间：即便顾客不情愿，这些公司也会强迫他们坚持下去。

只石：这种做法无疑会降低他们所重视的产品生命周期总价值。我认为如果**想要提高产品生命周期总价值，**

最重要的就是必须尽可能多地创造出忠实粉丝。

角间：最后我想问一下关于品牌理念的问题。您有没有想要通过 VALX 这个品牌来改变什么或者向大家展示与众不同的世界观呢？

只石：我希望通过 VALX 产品能够给客户们带来更多的快乐。直到现在，人们只是条件反射性地购买一些连他们自己都不明所以的蛋白质和氨基酸产品。相反，如果为每一款产品都赋予一个品牌故事的话，那么必定会增强其说服力并获得粉丝的支持。试想一下，当你每次打开包装都能看到山本先生健美的身材照片时，必定会燃起熊熊斗志。我希**望通过这些营养补充剂和蛋白质产品来进一步提升顾客的肌肉训练效果。**

第一章
长篇采访：飞速发展的 D2C 品牌背后

着眼于细菌的保健品牌——KINS

> 承担最大风险并以最快速度组建最佳团队，这是通往成功的捷径。
>
> ——KINS 股份有限公司代表
> **下川穰**

🎤 采访者：角间实

KINS 是由原牙科医生推出的一款"细菌护理"订购品牌。它通过照片墙和 LINE 等网络社交平台提供服务，在追求健康和美丽的女性中颇具人气。该品牌最显著的特点是拥有一大批高水准的医学骨干且十分重视顾客满意度。它几乎不投入广告

洞见 D2C
寻找新增长曲线

费用却能够获得惊人的产品生命周期总价值。那么，这种商业模式的创意是如何产生的呢？

追求真实性的同时提供最大限度的服务是最大挑战

> **角间**：KINS作为一款主打"细菌护理"的保健品牌受到广泛关注。接下来首先请您为我们介绍一下KINS品牌的相关情况。

> **下川**：我们以订购的方式销售多款保健品和化妆品，而这些产品的生产理念就是"让细菌护理成为常态"。另外，我们将于2021年4月推出洗发护理和头皮护理产品（2020年12月采访内容）。

> **角间**：为什么您会关注细菌护理呢？

> **下川**：我之前是一名牙科医生并且在口腔诊所内担任了4年左右的理事长，主要围绕口腔菌群开展诊疗工作。当时我还经常与东京大学等机构进行联合研究。当我把关于细菌的前沿知识融入实际工作中并给病人开具处方之后，惊讶地发现许多患有慢性病和抑郁症的顾客其症状都得以改善。

角间：真的令人难以置信！

下川：但是如果以诊所形式进行治疗的话就会产生高额费用，因为这不属于保险范畴。在这种情况下，**我为了把关于细菌的知识更加广泛地普及到社会之中便毅然决然地选择了创业。**

角间：那么 KINS 的产品是否对此类疾病有治疗作用呢？还是说它们只是预防性产品呢？

下川：从医疗角度来看属于预防，但从用户角度来看可能更接近于治疗。肩膀酸痛虽然不算什么疾病，但却给人们带来极大的困扰。过敏虽然是疾病的一种，但也不一定要前往诊所接受治疗，而且在现实生活中有很多人对此感觉不便。

角间：目前销售此类保健产品不是非常困难吗？特别是在互联网上，人们对于事物好坏的划分是非常严格的。

下川：与其说我们在销售产品，不如说是在**销售"细菌护理"文化知识**。比如，我们会告诉顾客调整肠

第一章
长篇采访：飞速发展的 D2C 品牌背后

道环境、保持肠道活力有利于维持身体健康。这样一来，顾客就会产生"虽然知道调整肠道环境有利于身体健康，但却不知道应该选择哪些产品"或者"即使吃了有利于身体健康的食品也感受不到效果"一类的想法，最终就会来 KINS 进行咨询。

角间：许多保健产品都是由一知半解的工作人员在经营，但是贵公司聘用的都是专业人士。从这一点上来看，KINS 的产品还是相当可靠的。

下川：是的。我们就是想通过这一点来强调自己与众不同。另外，其他人想要模仿我们也并非易事。

角间：您刚刚提到要把细菌的益处传递给更多的人，那么对此需要特别重视哪些事情呢？

下川：为了吸引更多人的目光，我们在产品设计上投入了大量的精力。然而，**最重要的一点是"追求真实性"**。从本质上讲，人们越是追求真实性就越容易斤斤计较，进而会忽略了信息传递本身。因此，我们目前正在着力解决"追求真实性"和"最大限度地传递信息"之间的矛盾，并且我可以非常自豪地说目前只有我们能够做到这一点。

角间：原来如此。其实从下川先生您是一名医生这点来讲，就足以保证贵公司的产品真实可靠。问题的关键在于产品设计。在规划的初级阶段，您就委托业内顶级设计公司态科朗（Takram）来设计产品吗？

下川：是的。因为我认为<u>要成为一流人才，最好的办法就是接触一流人才</u>。其实我从一开始就想要聘请这样的人才，但这对于一个刚刚成立的弱小团队而言是难以实现的。因此，我就先以业务合作的形式给他们分配任务，以期通过工作来促进团队成员获得成长。除此之外，我还聘请了超一流的专业人士担任文案策划和经营顾问。

角间：也就是说，KINS 这个名字也是这个文案团队构想出来的吗？

下川：实际上，我们公司最初的名称是"细菌实验室"。但是在确定品牌名称时，为了达到便于他人理解的效果便决定将公司名称与品牌名称保持一致。

第一章
长篇采访：飞速发展的 D2C 品牌背后

于是，我们找了一个专业的文案团队来协商策划并设计出十几个候选名称。经过逐个筛选保留下来的名称方案是"KINT"，其含义为"与细菌共存"。之后，我们由此构想出一个新的名称——"KINS"。

最终除了我和文案团队总负责人以外，其他人都将票投给了"KINT"。

角间：当时"KINS"这个名称处于绝对劣势呀！

下川：是的。这款产品的主要受众是女性客户群，所以选定由众多女性职员举手表决通过的品牌名称应该是不会有错的。不过话说回来，虽然"KINT"这个名称会让我觉得自家公司能够在未来众多菌类品牌中占据一席之地，但是"KINS"更给我一种舍我其谁的霸气感。因此，我最终无视大家的意愿自行将品牌名称确定为"KINS"。

角间：的确，"KINS"这一名称更给人以冲击感。不管怎样，您是在最初期的时候就借助了一流团队的力量。

下川：对于创业公司来说，无论是产品输出还是市场输入都要尽可能节省成本，努力做到"精益创业"。虽然我认为这种说法在一定程度是正确的，但也有不妥当的地方。

（所谓"精益创业"是指尽可能不花费成本来制作最低数量的产品或服务试用品，之后通过观察客户的反应来开发出更能满足客户需求的产品或服务。这种管理方法被称为创业的王道模式。）

角间：为什么这么说呢？

下川：<u>原本无视用户声音是绝对不行的，但实际上我也觉得用户未必能够给出真正有价值的答案。</u>

换句话说，答案就处于产品输出和市场输入的中间位置。如此一来，唯一的解决办法就是创造出超出市场预想的产品，而这一切只能由高水平人才来完成。即便你要聘用能力一般的设计师，也不能找那些业务能力不全面或者只注重氛围感却连文案都读不懂的半吊子，否则会招致大麻烦。在聘用设计师时，我们要彻底搞清楚他们**<u>能否将</u>**

第一章
长篇采访：飞速发展的 D2C 品牌背后

产品输出和市场输入巧妙地连接起来。这就是为什么我们会在没有任何销售额的情况下就投入了大量成本。

👤 **角间**：这些成本都是由自有资金来承担吗？

👤 **下川**：资金来源主要包括 2000 万日元的自有资金和通过种子轮筹集到的 1 亿日元资金。

👤 **角间**：1 亿日元的借入资金吗？这已经远远超出种子轮的规定金额了。

（所谓"种子轮"，是指最早阶段进行的融资方式。此时企业新研发的技术及材料等尚未能实现商品化和实用化，处于"种子"萌芽前的状态，无法直接提供给客户。于是需要筹集一定数量的资金来将其转化为成果以满足客户的需求。种子轮融资只包含人工费用等最基本的必要运行成本，因此注入金额不会很高，通常在 500 万 ~1000 万日元。）

当涉及沟通的质和量之时，D2C是唯一选择

角间：接下来我要直截了当地问您一些关于品牌理念的问题。请问您有没有考虑过要通过 KINS 系列产品改变世界呢？

下川：就像我刚刚提到的那样，我们的**产品理念是"让细菌护理成为常态"**，但这究竟是为了什么呢？说到底，是想让那些深受慢性疾病折磨的人群早日痊愈。

遗憾的是，目前的医疗手段主要是以应对疗法为主。比如，患了感冒就吃感冒药来退烧。但是，人们却毫不关心自己为什么会患上感冒。事实上，我们应该从问题的根本上着手。

角间：所以您的着眼点是细菌吗？

下川：是的。如果大家能够接受"细菌是解决问题之本"这个理念的话，那么人们的体质必将发生变化。以化妆品为例，人们只要看到"收缩毛孔"等字眼就会非常高兴，但我们会将其涂抹在皮肤表面**并关注皮肤细菌的平衡状况变化**，之后定点追踪

相关数据并委托可靠的科学团队进行分析。一旦结果不理想就重新进行产品开发。以此循环，锲而不舍。

角间：话说回来，您是如何看待自己的公司被称为"D2C企业"这件事情呢？

下川：实际上我对D2C知之甚少，甚至都搞不清楚是否使用了照片墙和推特进行营销就算是D2C模式。也就是说，我们不是纯粹的D2C企业而是细菌保健产品企业。只是在订购服务的过程中，为了持续向用户提供产品和信息而不得不选择D2C模式。

角间：最后才后知后觉地发现自家公司已经成为D2C企业了吗？

下川：我认为与其讨论概念问题，不如<u>重视一下与用户交流的质和量</u>。如若不然，试想几十年前就兴起的单品重复邮购产品都快烂大街了，为什么没有人把它称为D2C呢？因此，我认为D2C的真正特征是能够保证频率更高且范围更广的免费交流并进一步提升沟通的质和量，这才算得上是伟大发明。

角间：确实可以这么说。

下川：我们现在通过照片墙和推特实现的交流量是 10 年前绝对无法企及的水平。在过去，一切远程沟通都通过信件来完成。

因此，<u>**D2C 是一场关于沟通的革命**</u>。

不过，很多 D2C 企业认为沟通只是产品的附加品且与传统的单品重复邮购毫无二致。

角间：D2C 中的"D"是"Direct（直接）"一词的首字母缩写，而 D2C 的结构则改变了"Direct"的意义。您能更加具体地讲一讲贵公司如何保证与客户进行沟通的质和量吗？

下川：我们每天都会在 LINE 上收到数以百计的用户反馈，当然我们也会与他们进行沟通。在照片墙上，我们通过一对一私信、一对多互动、直播和发帖等方式进行沟通。所有这些加在一起的话，每天的沟通人数就有数千人。

角间：LINE 也是一对一沟通吗？

🙎 **下川**：是的，但这仅限于会员用户。顾客成为会员之后，就会在我们的指导下进行 LINE 在线注册。以后无论是遇到产品问题还是其他生活上的烦恼都可以向我们咨询。

🙍 **角间**：是不是有许多用户会因为对这项服务充满期待而加入会员呢？

🙎 **下川**：的确如此。

🙍 **角间**：如此看来，这种形式的确与传统的单品重复邮购有明显区别呀！

🙎 **下川**：但是如果交流过于频繁的话，话题就会朝着奇怪的方向发展，这也是要避开的陷阱呀（笑）！

🙍 **角间**：据说在销售美容产品和养生产品的时候，一般都会聘请一些在这个行业有影响力的人和美容人士，实际情况的确如此吗？

🙎 **下川**：当然。不过我们并非全是聘请在这个行业有影响力的人，而是**通过研讨会等方式来吸引部分群体**

通过实际使用我们的产品来感受产品质量,之后再让他们把相关体验撰写成积极的宣传文案上传至网络社交平台。我们自然也会和这些人成为好朋友,因此与其说他们是有影响力者,倒不如说是把他们看作是"拥有众多粉丝的朋友"。

角间:上述研讨会是怎样的一种形式呢?

下川:我们会在一个月内举办3~4次研讨会,主要是由我进行2小时左右的"细菌护理漫谈"(笑)。其间,我们会邀请大家前来学习。这怎么听起来有点儿像上门推销呀!

角间:我认为在初期阶段召开这样的座谈会和学习会是非常有意义的。那么这种形式开始于什么时候呢?

下川:在KINS品牌成立最初的半年左右。一开始没有人知道KINS这个品牌,所以我们觉得必须尽一切努力让人们来了解它。我们非常重视品牌理念,所以从一开始就尽量不依赖广告。但这样一来,品牌发展就陷入了困境。

第一章
长篇采访：飞速发展的 D2C 品牌背后

角间：陷入困境吗？

下川：<u>用钱购买广告有利于迅速塑造良好的品牌形象，但这样又会致使用户丧失热情</u>。我们的业绩取决于如何俘获热情高涨的用户，因此必须要让那些喜欢我们产品的人在个人网络社交平台上积极进行宣传而不能单纯依赖广告。如此一来，看到这些信息的人就会转换成我们的粉丝并关注我们的动态。这是一种粉丝转换机制，也是我从一开始就努力做的事情。

角间：您在 2020 年 1 月也开通了网络电台吗？

下川：网络电台主要是为那些 KINS 的铁杆粉丝准备的。目前来看，<u>这种音频媒体有利于提高粉丝互动频率及增加粉丝数量</u>。

角间：顾客的反响如何呢？因为听众都是铁杆粉丝，所以大家一定都很开心吧？

下川：事实上，音频媒体颇受男性用户的青睐。他们经常在上下班的路上收听我们的节目。前几日，我们收到了一位男性兽医的热情留言。此外，一位消化内科的医生也一直在收听我们的广播。

角间：因为你们都是专业人士，所以肯定有许多共同话题吧！另外，据说贵公司的用户流失率非常低。您对此采取过什么特别措施吗？

下川：我们采取了许多措施，<u>但终归一点，那就是要实时听取用户意见并迅速作出回应</u>。如此反复，毫不懈怠。如果用户在使用我们的保健品之后表示毫无效果的话，我们不能只说一句"哦，知道了"就敷衍了事。

我们要努力生产出适合他们需求的产品。当客户无法在市面上购买到自己想要的产品时，我们也要抓住时机进行独立的产品研发和生产。当我们创造出某件产品之后就会出现"非常好"和"毫无用处"这两种评价。针对那些持否定意见的人，我们要继续研究生产适合他们的产品……<u>正是因为我们不断地重复这种 PDCA 循环，最终才使用户流失率保持在极低的水平</u>。

角间：原来如此。

👤 **下川**：另外，我们还要**有意识地让每个人都参与到 KINS 的品牌故事中**。从这层意义上来看，它似乎更接近于娱乐活动。这就像奈飞（Netflix）一样可以同时提供影片内容和辅助功能。

👤 **角间**：显然，它已然演变成一种运动或者文化了。

目标是建立线上与线下相结合的全新诊疗形式

👤 **角间**：您是否计划要扩大店铺或开展批发业务呢？

👤 **下川**：目前我们正在研究开展品牌游击店业务。另外，我们也在计划建立自己的实体店。至于产品的批发，我们需要在保持品牌形象不受损害的前提下分阶段进行。

👤 **角间**：目前已经开展产品批发业务了吗？

👤 **下川**：我们眼下正在与 ESTNATION 和 RESTIR 这两家奢侈品店进行合作，也有一些百货商店与我们讨论过开设品牌游击店的相关事宜。

角间：这跟您的创业风格如出一辙，都是从上流阶层开始着手的。

下川：当然，我也想尽快得到更多人的认可，但欲速则不达。虽然我们在创业之初会制定短期战略，但也必须要有长远打算。细想起来就会发现，虽然连锁药店会给人留下较好的第一印象，但其整体形象却是负面的。现有的 KINS 用户一定会对此失望至极，<u>因为它已不再是"私人专属的 KINS"</u>。

角间：在商店中能够买到试用装吗？

下川：可以，但只能购买单件产品。

角间：也就是说，网络销售采用定期连续购买模式吗？

下川：不是的。网络上也在销售单件产品，但如果不是定期连续购买的话就无法享受附带的皮肤测试等服务。

角间：您有没有想过要尽快创办直营实体店呢？

第一章
长篇采访：飞速发展的 D2C 品牌背后

👤 **下川**：说实话，我更想开一家诊所。

👤 **角间**：为什么要开诊所而非店铺呢？

👤 **下川**：我很高兴现在能够做一些以前在诊所中无法做的事情，但有些活动却只能在诊所中进行。例如，许多人会在 LINE 上咨询相当棘手的疾病，但是我却什么都不能说，更不能进行诊断。

👤 **角间**：也不能为他们介绍特定诊所吧？

👤 **下川**：是的。因此我现在想要创办一个**将远程医疗（在线医疗）、网络社交平台和实体店结合在一起的 D2C 诊所**。如果我一直待在诊所里，那么永远也不会冒出这样的想法。因为在诊所模式中，一旦病人离开就意味着联系断裂，而医生则对患者之后发生的事情一无所知。

👤 **角间**：这就是线下面临的难题吧？

👤 **下川**：是的，因为在这种模式下会有许多问题都处于黑匣子状态。但如果选择在线模式的话，就能够更加具体地把握实际情况。如此一来，我们就能够找到更多的触点。虽然触点过多也是一个挑战，但只要你解决了这个问题就会发现在线服务对顾客和商家而言都是有好处的。

角间：的确如此。

下川：但是**仅仅依靠线上是远远不够的**。就像谈恋爱一样，即使在交友网站上找到了恋人，最终也还要见面。虽然可以通过网络聊天进行日常交流，但到了关键时刻就必须见面。

角间：感觉像是线下和线上的完美结合。

下川：D2C 诊所就是要通过这种形式来帮助病人从根源处解决疾病问题，与此同时，KINS 产品则可以处理那些无须去诊所进行诊治的疾病。另外，我们只需要开设数家实体店即可，因为只要扩大远程诊疗范围就足够了。说来也怪，这就像是一个一平方米大的小卖部无穷无尽地扩展开来，所以我觉得与其说是在经营店铺，倒不如说是在开办诊所。

第一章
长篇采访：飞速发展的 D2C 品牌背后

角间：对了，您是要亲自上阵在 LINE 上提供咨询接待服务吗？

下川：不，我们有多名接待员随时为顾客提供服务。

角间：大家都以同一口径给出细致回答是很难实现的吧？

下川：我们会准备好相关手册并创建一个系统，将问题和答复等信息存储在数据库之中。当顾客输入问题之后，人工智能机器人就会自动呈现设定好的回答。

角间：人工智能机器人可以直接回复 LINE 的在线咨询吗？

下川：不可以。我们绝对不会这么做。

角间：有什么原因吗？

下川：因为我们的产品相当敏感，所以不允许出现一丁点儿的错误。
毕竟，用户并没有要求我们开发人工智能应答系统。用户体验无疑是最重要的，顾客希望自己的问题得到解答，以此消除内心的不安，且更希望能够与接待员进行实时沟通。**要想真诚地回应用户的这种期待，就只能靠人工来脚踏实地地进行沟通。**即使是现在，我们也不会在这个问题上有丝毫懈怠，所以我们会经常检查并督促接待员们提升业务技能。

角间：到目前为止，我已经采访了数家 D2C 企业。大家的共同点都是在非常踏实地推进工作。

下川：是的。不过说实话，这是一件非常枯燥的事情。

角间：据说贵公司的客户需要每六个月就进行一次皮肤测试，但如果只是为了吸引顾客的话，只需要在最初的时候做一次就可以了吧？

下川：是的。我们做了在养生产品和化妆品业界内最不应该做的事情。因为产品一旦没有效果，生产者就无异于自寻死路。但是我们非常重视解决这个问题，因此**无论出现怎样的负面结果都会把它们作为经验数据认真地积累起来**。这大概是最需要勇气的地方。

> **角间**：实际过程中出现过负面结果吗？

> **下川**：当然了。比如有些人自身感觉很好，但他们的测试结果却显示情况在恶化。说实话，细菌检测数据库仍然是一项未完成的工作，这些数字是否真的表明情况在恶化完全取决于你如何看待它，但我们会努力向用户详细解释目前能够想到的原因和应对举措等。

从营销人员的角度来看，D2C 可以说是一场"革命"

> **角间**：您有没有考虑过要打开国外市场呢？

> **下川**：有考虑过。如果没有暴发新冠疫情的话，我原本计划开设一个主要面向纽约用户的跨境电子商务网站。

> **角间**：不过据说在新冠疫情长期肆虐的情况下，许多电子商务网站都处于顺风顺水的状态。贵公司的情况如何呢？

下川：我们 2020 年 1 月的月销售额与 2019 年 12 月的月销售额相比，月度销售基数增加了 19 倍。

角间：太厉害了！您觉得这是为什么呢？

下川：或许是因为我们将大家的关注点从新冠病毒的防御引导至肠道环境的改善上。顾客们瞬间就被我们所提出的宣传口号吸引住了。<u>另外，我们并没有聘用任何在这方面有影响力的人，而是通过普通用户的口口相传来推广产品价值的。</u>

角间：这种方式有利于用户提升信任度！

下川：在照片墙上能够详细地看到顾客对我们的产品所表现出来的浓厚兴趣以及整个购买过程。虽然它不像广告那样迅速，但随着时间积累就慢慢构建起稳步增长的模式。另外，<u>广告无论重复播放多少次，其引导页（LP）都不会发生改变。但网络社交平台则不同，尤其是照片墙的引导页内容每天都在变。换句话说，这就等于又重新展示了一个完全不同的广告。</u>

第一章
长篇采访：飞速发展的 D2C 品牌背后

角间：的确如此。

下川：我刚刚提到月销售额增加了 19 倍，但广告成本只增加了 2 倍。**这就意味着每行动成本（CPA）非常低而产品生命周期总价值却相当高**。状态最佳时的每行动成本是 2000 日元，而产品生命周期总价值则为 70000 日元。因为我在 20 多岁的时候也做过市场营销人员，所以能够切身感受到这个模式多么具有革命性。

［每行动成本即单个客户转换所需成本（广告主为每个行动所付出的成本），这种模式要求按照广告投放实际效果来计费，而不限广告投放量。另外，产品生命周期总价值是用来计算某个客户从交易开始到交易结束期间为本公司带来了多少利润，其计算公式为"单位购买价格 × 购买频率 × 合同期限"。］

角间：正因为每行动成本很低，所以才可以在设计和文案方面投入更多的成本。

下川：因为是前期投资，所以利润率并不会很高。但投资者们总是气势汹汹地要求我们在这些领域多注入一些资金，因为他们认为如若不然投资将毫无意义。

角间：从某种意义上来说，这是一种令人震惊的商业模式。顺便问一下，您是在成为医生之后才转战市场营销领域的吗？

下川：当我还是一名实习医生的时候就开始关注市场营销领域了。当时所有地区的牙科医院都处于饱和状态，我觉得如果就这样随波逐流当一名牙科医生的话只能被埋没，所以<u>必须要同时具备相应的专业知识和营销能力</u>。由于两者都不是一朝一夕就可以掌握的，所以必须要同步进行。

角间：难道就没有其他实习医生也兼备营销人员的身份吗？

下川：是的。在和朋友聚会的时候，周围的人都在一边喝啤酒一边讨论种植牙齿和磨削牙齿等话题，而只有我在谈论今天又卖了 2000 万日元的蚬贝而显得格格不入。因此有人会对我进行说教，也有人会觉得我已经疯了并再也不同我说话。但是我

第一章
长篇采访：飞速发展的 D2C 品牌背后

在内心深处仍然坚持认为自己并不适合担任牙医一职。

角间：您在成为牙科医生之后也仍然继续做生意吗？

下川：我从联合加盟业务中赚取的利润是当牙科医生的 5 倍。从 20 岁左右开始，我的眼里就只有金钱。

毕竟，我比周围任何人都更早地开上了奔驰和保时捷。但如果一味迷恋赚钱的话就会迷失方向，也有人曾经告诫我说终日为了金钱奔波结果只会是黄粱一梦。其实我个人也非常同意这种说法。

在 30 岁的时候，我终于意识到一直这样走下去是非常危险的，于是便立马掉头转向更有实际意义的项目开发并找到了最佳主打招牌——细菌。

角间：这是非常难得的经历呀！

下川：因此我现在反而对金钱不感兴趣，也不太在意成本等因素了。在最初制订业务计划的时候，有很多人抱怨说每行动成本数值预设不可过低，也有人认为如此低的客户流失率是不现实的。他们警告我说:"我知道你想做正确的事情,但还是要等公司发展壮大起来以后再把它当作兴趣去完成吧""光靠做这些是做不成生意的"。

角间:这些话对于创业公司的总裁而言是很有效的。

下川:但是对我而言,如果我只想赚钱的话只需回到20多岁时的生活即可。<u>我想要的并非如此,正因为这样,我才成立了公司</u>。

角间:太棒了!这才是关于 D2C 营销的肺腑之言啊!

下川:但是从品牌成立第一个月开始就出现了赤字。

角间:不过我觉得如果有更多的人能够克服赚钱这一障碍的话,那么整个世界将变得更加美好。

下川:是啊!虽然颠覆一切常识并非易事,但至少我们要有勇气去做出些许改变。如果能够静下心观察的话,就会发现我们做的事情其实就是订购服务。但如果没有做出改变的勇气,那么创业也将变得毫无意义。

- **角间**：这跟以往的模式是一样的。

- **下川**：我们曾经就"个性化产品"进行了问卷调查，结果显实许多产品的实际用料几乎一样，只是稍微改变了香味或者图案。这完全是没有做出任何改变。我在前面所提到的"做出些许改变"必须要达到不可替代的效果。

- **角间**："不可替代"是什么意思呢？

- **下川**：我们曾经进行过一项名为"失去 KINS 是否会给您的未来生活带来困扰"的问卷调查。结果显示，**92% 的人认为如果没有 KINS 的话会感到困扰，其中 50% 的人回答说没有 KINS 的话会烦恼至极。**我想即使是销售额高达 100 亿日元的其他品牌也不一定会引起用户如此高度的重视吧？

- **角间**：这就是品牌有强大向心力的体现。我觉得哪怕是普通的维生素 C 营养品，您也会卖得非常好。

下川：不不不，因为我对此并不感兴趣。一旦缺乏兴趣，我对做这件事的热情就会消失殆尽。

角间：的确如此。现在的 D2C 模式也越来越重视"由谁来做"和"为何而做"这两大要素了。

下川：是的。但是我觉得需要注意的一点是最近有许多品牌都变成了"故事地狱"。<u>尽管热切的想法之中蕴含着强大的吸引力，但如果缺乏实质内容就会给那些闻风而来的人招致损失</u>。换句话说，如果卖家不能保证产品质量，那么就会令热情的顾客遭受损失。

角间：最后请您给那些想要开创 D2C 企业的后辈们送上寄语吧！

下川：就创业方法而言，我认为<u>从一开始就要敢于承担 100% 的风险，之后筹集大量资金并集中精力以最快速度组建一支优秀团队，这是获得成功的最短路径</u>。如果我想再创立一个品牌的话，最多只需花费过去一半的时间，但方法一定不会改变。

第二章

何为 D2C？

第二章
何为 D2C？

你是否认为 D2C 只是邮购的另外一种称呼？

2020 年，突如其来的新冠疫情给全世界带来了沉重打击。在其影响之下，很多人都不能直接去商店采购商品了。因此，通过电脑和智能手机等网络手段购买商品的现象再次引起了全世界的关注。其中，在新兴的服装、化妆品和养生食品等非常适合网络销售的行业领域之中，冠以"D2C"之称的品牌尤其引人注目。

D2C 直译过来就是"直销"的意思。

说到"直销"，商业街的面包店通过电视广告进行邮购销售也属于这一概念范畴。那么，为什么现在只是将其改写成英文就会如此受欢迎呢？

对此，我进行了一个调查。

在某个 D2C 品牌经营者的聚会上，我向大家提出了"什么是 D2C？"这个问题，结果得到了如下回答。

"是'邮购'的另外一种说法吧？"

"它是品牌推广和市场营销的专业术语吧？"

"是一种国外流行的销售方法吧！"

"它与直销毫无二致，只是听起来很酷罢了。"

总而言之，我得到了各种各样的回答。

D2C 只是一个时髦术语吗？

我们把那些貌似专业但内涵不深邃且定义和用法都非常模糊的词语叫作"时髦术语"（Buzzword）。

如果说 D2C 只是一个时髦术语的话，一定会有人点头默认。在他们看来，说不定再过半年这个词就会自动消失。但时至今日，D2C 这个词依然存在。原因是显而易见的。因为许多 D2C 企业经营的业务不同于传统直销且一直处于赢利状态。

换言之，D2C 明明能够给企业带来重大转机和利润，但由于它是以外语形式出现在人们眼前，所以许多人对其知之甚少。

这就是日本国内的 D2C 现状。

那么，这种有别于传统直销的商业模式其本质是什么呢？

D2C 正在改变着我们的世界，所以与大家共同探讨其本质成为解读本书的最大突破口。

明确 D2C 与现有销售方式的区别

如果将 D2C 直译为"直销"或者在不明就里的情况下胡乱使用这个词，就会出现理解上的偏差。如果公司内部的电子商务团队不能在同一认知的指导下开展工作,工作就不会进展顺利。

但遗憾的是,D2C常常被视作"独断专行"的代名词。为了了解事情真相,我们将D2C型服务与现有的商品销售及网络销售服务进行了比较。

如果站在消费者的立场考虑的话,他们会通过哪种途径购买商品呢?

如果你想购买高质量的时尚产品并享受周到的服务,那当然要去百货公司进行购买。

如果你只是单纯地想要买点儿东西,那么网上购物无疑是最便捷的途径。

但是,如果你并不以购买产品为目标而是想通过使用产品来丰富自身生活的话,那么全心全意为顾客着想的D2C产品就成为最佳选择。

D2C品牌虽然不具备百货商店的招牌效应和网络购物的知名度,但也不缺乏可信度。许多商品都具有吸引顾客持续购买下去的魅力(见表2-1)。

表2-1 D2C和其他销售模式的对比

销售模式	百货商店销售模式	网络销售模式	D2C销售模式
产品理念	引领潮流的产品	想尝试购买一次的产品	吸引人持续购买的产品

续表

销售模式	百货商店销售模式	网络销售模式	D2C销售模式
宣传途径	以杂志、电视广告等为主	以互联网广告为主	以社交媒体为主
销路	分销至各个百货商店	在网络店铺上销售	在自家店铺内销售
重视因素	月度销售额	月度销售额	生命周期总价值
生产地点	以中国为主的海外地区	以中国为主的海外地区	日本国内
消费者意愿	难以询问	难以询问	直接询问
制造成本	较低	较低	较高
销售成本	百货商店承担	网络店铺承担	卖方承担
关注点	只重视产品本身	只重视产品本身	重视顾客购买产品的全过程和整体体验
诞生时代	昭和	平成	令和

D2C的本质是什么？

接下来让我们揭开D2C的神秘面纱！

D2C的三大核心要素如下所示。

（1）依托数字技术进行直销；

（2）重视宣传推广、品牌建设和社群发展；

第二章
何为 D2C?

（3）旨在提升消费者体验感。（见图 2-1）

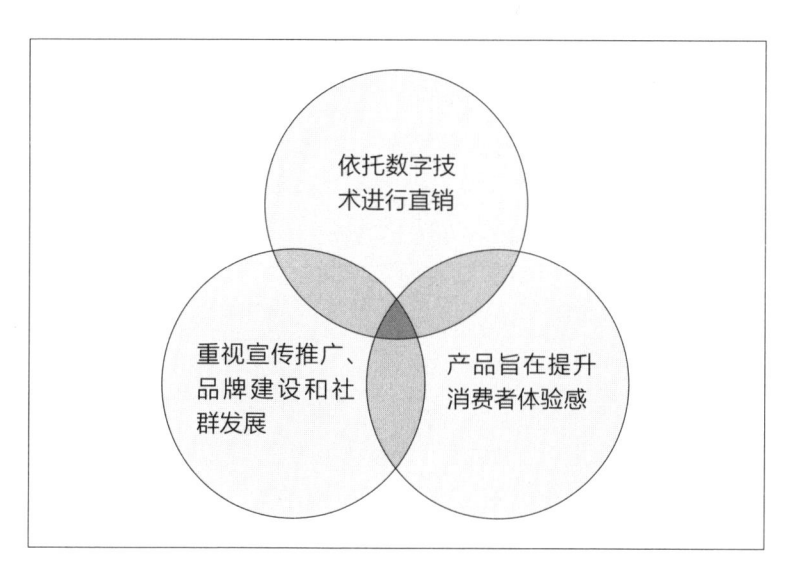

图 2-1 D2C 的三大核心要素

这三者的共同点就是"直接"：①利用数字技术直接吸引消费者；②通过直接的宣传推广和品牌建设促进社群发展；③将通过直接沟通获得的数据和意见反映到产品上来提升其价值。

换言之，D2C 与现有销售方式最大的区别在于它通过一系列直接措施来提升消费者的体验感。这就是 D2C 与传统直销之间的区别。

对于卖方来说，最重要的不是批发商、市场营销人员、广告代理商以及购物中心，而是顾客的愉快体验——这就是

D2C 的意义所在。

　　换句话说，D2C 始终专注于通过提升产品质量和服务水平来满足顾客的消费体验。

你是在销售汽车还是在销售幸福？

以获得商品为价值的消费是"物质消费",以购买商品获得的体验作为价值的消费是"精神消费"。

以汽车为例。

就汽车而言,其硬件性能是非常重要的。

对于一部分汽车发烧友来说,性能胜过一切。

但是对于日常使用人群而言,硬件性能并不是最重要的。他们还会考虑到款式设计、乘坐感受和驾驶感受等其他因素。

"买了这辆旅行车,我们一家五口就能去露营了,到了晚上还能从车顶眺望星空。"

重视体验本身是今后的消费趋势。

近年来,精神消费之所以受到关注就是因为人们的消费观趋向成熟化。

目前,市场上各类产品应有尽有,而市场也已经达到饱和状态。

如果一味地强调自家产品价格更低廉或者性能更好,结果只会导致竞争优势不断下降。

因此,将精神消费摆在首位的 D2C 品牌可以称得上是未来一代的标准。

"直销 × 数字 × 体验"的幸福关系

然而,我们并不能明确地说做哪些事情就算得上是 D2C 营销。虽然这看起来有些矛盾,但事实的确如此。因此,我们更多的是采用"D2C 式"、"D2C 思路"或者"D2C 方法"等表述方式。

这是因为经营的产品不同,所以能够提供给消费者的体验也就不同。但万变不离其宗,所有的 D2C 营销都会涉及前文提到的三大核心要素。

同时具备这三大核心要素的企业就可以被称为 D2C 企业。

第二章
何为 D2C?

所有的消费活动都将实现"D2C 化"

读到这里,您还认为消费活动不可能实现 D2C 模式吗?

大家或许已经细微地察觉到 D2C(体验至上主义)已经不仅仅是一个时髦术语,它能够将世界中的森罗万象都纳入其中。

星巴克和优衣库可以看作是广义上的 D2C 企业,而我们的生活已经与其密不可分了。

以往企业在招聘人才时会着重强调工资和福利等外部条件,而现在越来越多的企业则会把个人未来发展前景等因素摆在首位。

旧货市场以前是依托二手商店来进行交易,但如今买家和卖家通过购物软件(App)直接进行交易已经变得稀松平常。

这是一个处处都在强调购物体验和精神消费的时代。

目前,所有的消费领域都在朝着 D2C 的方向发展。

现在还处于变革的起点。

本书接下来将积极探索 D2C 的本质并了解它是如何吸引、抓牢顾客的。另外,我还会向大家介绍如何将这种新型商业模式融入商业活动。

第三章

D2C 在国外如火如荼

因新冠疫情而面临生存危机的服装企业

曾经占据日本销售冠军宝座的老牌服装企业瑞纳（Renown）宣告破产，这让很多人深切感受到就连大企业也无法做到花红百日。一度引领女装时尚潮流的塞西尔·麦克比（Cecil Mcbee）也选择在2021年2月之前关闭所有商店，其母公司日本想象（Japan Imagination）表示只保留部分具有高度原创性的品牌。

日本服装店停业浪潮滚滚而来，2020年度门店关闭数量高达3000家以上。据说日本12家服装上市公司中有一半处于亏损状态。

以瑞纳为发端，包括恩瓦德控股（Onward Holdings）、世界（World）、TSI控股（TSI Holdings）和三阳商会在内的众多服装企业都纷纷关闭了大量门店。众所周知，这些企业都是走"批发"路线并将百货商店和购物中心作为主要销售场地。以瑞纳为例，其销售额的六成都来自其百货商店中的高级品牌。但自2020年春季开始，新冠疫情便在世界范围内肆虐，"居家隔离""停业防护"等政策的实施更是给服装行业带来了灭顶之灾。

这些服装公司都属于批发型企业且拥有大量库存,一般都是通过打折或者奥特莱斯商店❶来进行消化。然而,新冠疫情导致企业无法开展密集型大甩卖活动,从而陷入了库存过多的恶性循环。

新冠疫情加速了企业破产,服装企业业绩不振现象并非始于现在

瑞纳公司在近 30 年里一直处于低迷状态。三阳商会在 2015 年痛失英国老字号品牌博柏利(Burberry)的分销权之后,其销售额便急转直下。实际上,百货商场在泡沫经济崩溃之后就迎来了低迷期,而经济低迷的征兆在当时就已然显现。

伴随着优衣库等大型企业导入 SPA 模式❷,快时尚❸的浪潮迅速涌起,而物超所值的产品比比皆是。此时的人们无须特意

---

❶ 奥特莱斯来源于"Outlets"一词,原意是"出口、出路、排出口"。在零售商业中专指由销售名牌过季、下架、断码商品的商店组成的购物中心,因此也称为"品牌直销购物中心"。——译者注

❷ SPA 是"Specialty Retailer of Private Label Apparel"的缩写,直译就是"自有品牌服装专业零售商"。它是一种从商品策划、制造到零售都整合起来的垂直整合型销售形式。——译者注

❸ 快时尚即"快速时尚",源自 20 世纪的欧洲。欧洲称之为"Fast Fashion",而美国把它看作"Speed to Market"。其中最为关键的 4 个因素分别是新潮、流行、稀缺和低价,旨在为追求时尚的年轻人提供低价的潮流服饰。——译者注

去百货公司购买昂贵的衣服，他们在家附近就能够买到质量上乘的服装。

为了与优衣库等企业相抗衡，百货商场一再采取提前促销或延长销售期等措施，但仍然无法将产品售出。无奈之下便开始大量生产，之后又低价销售，如此便陷入了可怕的恶性循环。自优衣库和尼多利（NITORI）等竞争对手在百货商场中开设店铺以来，一晃数十年匆匆而过。百货商场已经不再是高品质生活方式的代表和令人憧憬的存在，它已然变成了普通品牌商店的集合体，甚至还可以被称作车站前的购物中心。

换言之，新冠疫情的影响只不过是最后的一击。

这些企业在新冠疫情暴发之前就已经陷入经营低迷状态，另外它们还往往会选择在租金较高的市中心百货商场和郊区购物中心内开设分店。

商店数量的增加要求生产数量必须增加，当然库存也会随之增加。但如果为了减少库存而进行大甩卖，那么利润就会减少。另外在这种商业模式下，租金等固定成本会对销售额造成巨大压力，这其实是一个难以摆脱的恶性循环。今后的日本已经无法再现新冠疫情暴发之前的那种消费盛况，许多传统服装企业都面临着生存危机。

但即便在这种情况下,"一公里生活装"❶和"运动服"等种类的服装销量依然强劲。随着远程办公的人越来越多,人们越来越重视如何舒适地在家里度过愉悦时光。因此,放松型服装便逐渐引起了人们的关注。因为这类服装不仅适用于在线会议,而且在工作间隙的散步时间和近距离出门采购的时候都可以穿。

另外,那些可以让人们在舒适中度过居家时光的家居服和睡衣也非常畅销。与此同时,人们开始有意地避开人员密集的健身房而选择在家里进行"宅锻炼"。伴随着这种现象的流行以及人们健康意识的提高,养生保健类产品也颇受欢迎。当然,这些业绩良好的品牌大多都有自己的电子商务网站,这是其灵敏应对社会需求变化的成果。

服装行业内只有 D2C 企业幸存下来

在远程办公的人越来越多的影响下,网上购物变得更加常见。以服装为例,在线销售的劣势在于顾客无法进行试穿或者享受接待服务,但有些企业却紧紧抓住这一点并巧妙地将其转化为优势。

---

❶ 一天都令人感受到愉快及舒适的服装,它适合于居家穿着或者近距离出门时穿着。——译者注

第三章
D2C 在国外如火如荼

例如，经营全球工作（GLOBAL WORK）和罗利农场（LOWRYS FARM）等品牌的爱德利亚公司（ADASTRIA）在 2020 年 3 月至 5 月期间的电子商务销售额增加至 134 亿日元，同比增长 25.7%。EC 转化率❶上升 23 个百分点，达到了 42.8%。公司内部电子商务销售额所占比例为 22.7%，同比增长了 12.7 个百分点。该公司员工在照片墙上直播介绍服装面料材质和穿搭技巧的视频颇受欢迎。这和现在流行的网络直播等商业模式非常相似。工作人员在自己家里发布服装信息并得到了公司方面的支持。

女装品牌熟女风尚（STYLE DELI）的员工通过博客与顾客进行密切交流并逐步形成社群。据说该博客的月点击量超过 100 万。目前，负责熟女风尚品牌运营的是永不言弃（NEVER SAY NEVER）服装公司。2020 年 4 月，该服装公司总裁齐藤英太宣布成立了一家 D2C 咨询公司来支持 D2C 品牌的发展壮大。

东京织物（FABRIC TOKYO）是一家经营西装定制业务的 D2C 品牌公司，虽然它在新冠疫情灾难之中关闭了大部分店铺，但还是灵活运用顾客数据创造出了畅销作品。该品牌旨在提供既适合每个顾客体型，又满足每个顾客价值观和生活方式

---

❶ 指电子商务市场交易金额占所有商务交易金额的比例。——译者注

的定制商务服装。只要顾客来店一次，他们的体型数据就会被存储在云端，此后他们就可以轻松地在网上订购服装。

主营女性职业服装的凯米（kay me）品牌一直以在线服务为主轴并将实体店作为补充，因此即便在新冠疫情导致大批店铺停业的状态下，其电商销售额也增加了三成。由于该公司已经获得了数十万人的会员数据，于是便开创了"在线服装搭配指导"等服务项目。顾客可以在线向专业服装设计师咨询穿搭风格，而设计师则会根据场景、顾客体形和发色等因素提出最佳建议。这项服务是凯米品牌应对社会环境变化作出的迅速反应。

在原有品牌陆续退出大型百货商场的情况下，该品牌在2020年10月开设了SOGO横滨店和JR京都伊势丹店等数家店铺。该品牌以不打折而闻名，更因其舒适性、便捷性、高品质和可持续性而备受好评。这些特征最终也引起了百货商场中上流顾客群体的"共鸣"，因为他们在消费活动中从不把价格低廉作为判断标准。如此一来，产品的生命周期总价值就得到了提升。

努力将自身打造成令顾客满意的品牌

在后疫情时代，消费者的可支配收入必然减少。这将导致更多的消费者比以往任何时候都更加认真地审视产品和服务并只为自己感到满意的东西付费。受新冠疫情的影响，人们更倾向于居家度过简单清爽的生活。另外，随着可持续发展理念和生态价值观念的普及，越来越多的消费者开始质疑大规模生产服装。

另一方面，随着旅行和就餐等娱乐活动成为难得的奢华体验，越来越多的消费者想要通过购买更好的产品来补偿自己。例如，以前的人们经常会随意挑选一件普通衣服，现在却舍得花费时间来精心挑选自己中意的服装。

正在重新改写零售业规则的D2C

D2C是日本很早以前就提倡的一种"制造商、工厂和消费者三方共赢"的商业模式。在以往的零售业中，服装都是通过中间商将产品批发给百货公司及其他商店或者是自己经营的实体店铺等来销售。

这种模式具有以下优点：

◎将制造、物流、销售等业务全部委托给外包公司，而本公司则专注于商品开发。

◎定期大量进货更有利于维持销售额稳定。

这些优势不容忽视，但实际上这种模式也存在多种弊端。具体如下所示：

▲因为全部依赖外包，所以无法积累除产品开发以外的

经验。

▲产品开发过程中未与消费者进行任何沟通,因此会在没有任何详细信息(如购物主体和购物时间等)的情况下进行产品开发。

▲批发商和代销商会具有更大发言权。

▲不顾设计者真实想法大量生产制造畅销或易销商品。

▲众多行业的介入导致利润率变低。

▲消费者将产品视为销售商的产品,这不利于制造商进行品牌推广。

▲依赖分包商❶或 OEM❷工厂很容易受到制造商和批发商经营模式的制约。

然而,在通过自家电子商务等渠道销售产品的 D2C 模式中,这些劣势都转换成为优势并保证了制造商、工厂和消费者都达到满意状态。这就是开篇所提到的"三方共赢"局面。

化劣为优是 D2C 的特色

在 D2C 模式中,以往的一切劣势都转换成优势并加速了

---

❶ 指从事分包业务的分包单位。——译者注

❷ OEM 是英文 Original Equipment Manufacturer 的缩写,一般译为"原始设备制造商""定点生产",俗称"代工(生产)"。——译者注

新业务的蓬勃发展。在这里，我对这些优势进行了认真总结。具体内容如图 3-1 所示。

D2C 模式具有如此多的优点并且现如今在互联网上创建一个购物网站并非难事，那么我们还有什么理由不去尝试挑战一下呢？

另外，D2C 模式与日本传统的工匠精神之间还存在着高度融合性。反过来讲，如果你想要在日本以 D2C 模式进行经营的话，那么单纯销售产品本身是远远不够的。我们还需要特别重视生产态度和产品质量。

- ☑ 没有中间商的介入，有利于节约成本。
- ☑ 无须向百货商场和购物中心支付过高的摊位费。
- ☑ 有利于控制人工成本和进行工作方式变革。
- ☑ 能够直接同消费者建立联络机制。
- ☑ 公司内部可以储存消费者数据。
- ☑ 有利于平台的打造和推广。
- ☑ 按照设计者真实想法生产销售产品，而非只着眼于畅销产品。
- ☑ 生产制造消费者渴望的产品而非批发商想要销售的产品。
- ☑ 通过削减成本可以增加利润。
- ☑ 通过削减成本能够以更加低廉的价格提供相同质量的产品。
- ☑ 通过网络社交等媒介可以实时收集消费者的意见。
- ☑ 善用社交网络和其他服务可以减少广告成本。
- ☑ 通过公开生产过程和产品的独特之处等方式促使消费者成为粉丝以获取长期稳定的客源。
- ☑ 能够利用消费者数据迅速分析问题或改进业务。
- ☑ 能够通过降低价格、提升质量、返还积分及活动邀请等多种方式将节省下来的成本反馈给消费者。

图 3-1　D2C 模式的优势

进入 D2C 战国时代的日本制造业

D2C 一词最初诞生于 2010 年左右的美国。它是"Direct to Consumer"一词的缩写，具体是指将自己公司策划制造的产品通过互联网等方式直接销售给消费者的一种交易形式。除此之外，它还具有以下特征。

◎主要经营前所未有的最前沿产品。

◎多以千禧一代❶（24~39 岁）为目标受众。

◎通过各类网络社交平台聚集忠实的粉丝群体。

◎获得投资后多用于扩大业务范围。

◎经常提出各类社会课题或捐赠销售收入。

◎大多依赖数字原住民❷而非老字号品牌。

◎提供生活辅助或品牌故事等附加价值。

◎顾客往往是品牌的共同缔造者。

◎产品价格通常较为低廉。

---

❶ 千禧一代是指 1984 年到 2000 年出生的人，也被称为"Y 世代"。——译者注

❷ 数字原住民是指伴随着高科技的诞生和发展逐渐成长起来的人群。——译者注

如果你在看到这些特征之后仍然觉得实行 D2C 模式并非易事的话，那么请继续阅读下去。这是因为美国和日本实行 D2C 模式的背景完全不同。

美国并不像日本那般拥有大量物美价廉的产品，所以他们的 D2C 品牌就瞄准了这一点并成功地打开市场。然而，日本的 D2C 品牌即使瞄准了这一点也无法战胜现有的大品牌。因为大规模生产、大规模营销和大规模消费的模式在日本已经完全建立，而优衣库、无印良品和 NITORI 等企业也已经在大量销售物美价廉的产品。

日本的 D2C 企业应重视"产品制造"

美国的 D2C 企业大多是"科技企业"，这些企业往往重视社会问题、创业者的想法及品牌故事，且擅长充分运用最尖端的数字技术。然而，由于日本盛行工匠制造文化，因此即使是 D2C 企业也会更加重视产品本身。

以亚洲地区为主的海外生产潮流日益壮大，日本国内的工厂生产面临着极为严峻的局面。受到国外低廉生产成本的影响，即便是拥有悠久历史的日本国内制造商也因订单减少而接连倒闭。

在服装行业，只有 D2C 企业幸存下来。因为这些企业有激情、有成就、有技术，更重要的是能够顺应社会环境变化进行自我调整。这其实也是 D2C 企业蓬勃发展的重要原因之一。

个性化产品与 D2C 相得益彰

个性化产品与 D2C 的目标人群有着高度契合性。作为目标受众的千禧一代具有多样化的品味、偏好和生活方式，擅长通过数字化技术掌握各种各样的信息，并且比起价格低廉与否更重视产品质量。

正因为如此，他们要从大量产品中挑选最合适的东西是非常困难的，而个性化服务则恰好解决了这种烦恼。

这种服务在化妆品、营养保健品和洗发水等领域特别有效。

提供个性化服务的 D2C 企业会在交易前与顾客进行接触，通过问卷调查和问答诊断等方式事先掌握顾客的兴趣爱好。根据顾客的喜好发送产品之后并不是放任不管，而是鼓励顾客通过连续使用来转换成粉丝。个性化商品的好处在于顾客可以获得如下体验（见表 3-1）：

◎从选择困难症的压力中解放出来。

◎获得自己的专属体验。

◎发现既能满足自身需求又渴望长期使用的商品。

表 3-1　日本国内具有代表性的 D2C 品牌及其个性化服务

D2C 品牌	个性化服务
MEDULLA	提供个性化头发护理服务。通过回答 9 个问题，客户就能够从 30000 个备选方案中选出私人专属的原创洗发水和护理产品
FABRIC TOKYO	经营西装定制业务的服装品牌
FUJIMI	日本首家根据皮肤诊断结果有针对性地提供营养补充剂的机构
snaq.me	提供个性化点心礼盒订购服务，根据主题差异有选择性地摆放令人惊喜的产品。这种盲盒式服务颇有人气，且业务范围扩大至酒类和宠物用品
Post Coffee	客户通过回答 10 个问题便可以选择出适合自己的最佳咖啡种类。厂家以邮递方式直接将产品邮寄给消费者，消费者无须担心收货时间不便或再派送等问题
iHack	面向商务高端人士提供专属营养品
wellvis	由 Mediagen 股份有限公司和分子生理化学研究所股份有限公司共同推出的营养品品牌。其中，Mediagen 股份有限公司旗下的健康媒体"MYLOHAS"每月服务人数超过 1200 万人次
VitaNote	提供相关服务以帮助客户在家里通过尿液检测即可判断自身营养缺失情况
COLORIS	日本首家个性化染发服务机构，顾客在家就能体验到高级美发沙龙般的效果

续表

D2C 品牌	个性化服务
GREEN SPOON	以冰沙或汤水的形式为顾客提供瞬间冷冻的蔬菜和水果,最大限度地保持食材营养。顾客只需在食材中加入水、豆乳或者牛奶后放进破壁机里进行搅拌或者在微波炉里加热即可食用
NOSH	专业配送由营养师和一流厨师制作的健康低糖饮食
FiNC	打出"人人都有私人教练"的口号并提供专业化 App 服务,下载量近 150 万次
OPTUNE	由资生堂专业人士根据客户每天的身体状况定制护肤服务
pickss	由 Air Closet 专业造型师提供月租服务和个人造型业务,帮助顾客选择最佳正装搭配

以具有压倒性优势的产品取胜

这种模式不仅能够帮助顾客在众多产品中挑选出适合自己的产品,而且还可以像实体店那样通过简单可靠的提问为顾客提供个性化建议和订购服务。这是一种典型的 D2C 商业模式,它利用现代科学技术将产品送到每一位顾客手中。

当然,许多品牌也会忽略个性化而以具有压倒优势的产品来俘获顾客的心。

要想以具有压倒性优势的产品来获得人气,关键在于确立一个既能满足顾客需求又无竞争压力的价值定位。

以下是部分代表性案例,请大家找出它们的独特之处。

因稀有而饱受关注的"梦幻芝士蛋糕"

芝士蛋糕先生(Mr. CHEESECAKE)蛋糕店最近推出一款名为"梦幻芝士蛋糕"的产品。这款蛋糕目前只接受网络电子订单,并且因其制作数量少而受到了人们的追捧。

它源于一位具有法国厨师背景的创业者的独特感悟,其制作理念是既要为顾客提供美味食品,更要创造出独特体验。

该店铺的芝士蛋糕是在冷冻状态下送到顾客手中的，它有冷冻、半解冻、全解冻三种吃法。这既可以让顾客体验到等待芝士融化的兴奋感，同时也能够让他们充分享受吃芝士蛋糕的幸福感。

公布法餐菜谱的 sio 餐厅

代代木上原的人气法国餐厅 sio 发起了一项名为"在家享受 sio 大餐"的活动并免费对外公布了由该餐厅主厨鸟羽周作创作的菜谱，一时成为热门话题。

按道理来说，厨师们的菜谱是秘不外传的。这种通过在线接触顾客来提高品牌知名度的方式与 D2C 模式的手法极为相似。

在同一时期，该餐厅还推出了"sio 便当外卖服务"，其中一款名为"奢侈便当"的产品价格高达一万日元。每当预约通道开启，产品就会在瞬间被抢购一空。

这种"增加幸福分母"的企业理念正在帮助企业吸引更多的粉丝，这正是未来社会 D2C 式商业的特征（见图 3-2）。

单件睡衣价格超过两万日元的高价位品牌 Foo Tokyo

睡衣品牌 Foo Tokyo 一直致力于为消费者提供一种能够彻底缓解肌肤压力的"放松风格"睡衣。因此，虽然这款高品质睡衣的价格高达两万日元，但仍然非常畅销。从 2019 年到

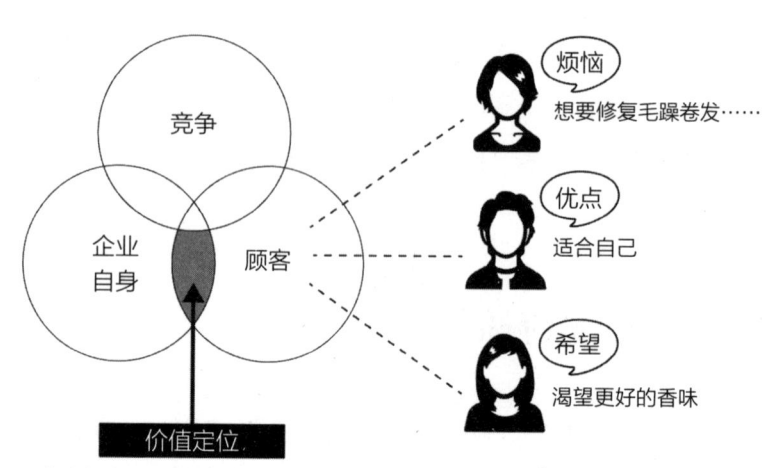

```
         ┌──────┐
         │ 竞争 │
         └──────┘
    ┌──────┐ ┌──────┐         烦恼
    │ 企业 │ │ 顾客 │ ······  想要修复毛躁卷发……
    │ 自身 │ │      │
    └──────┘ └──────┘         优点
         ↑                    适合自己
     价值定位
                              希望
                              渴望更好的香味
```

顾客渴望独一无二的价值＝愿意出钱购买商品　　⇧ 满足上述条件非常重要

图 3-2　价值定位

2020年，该睡衣每个月的销售额都高于去年同期且年度销售额增长约2~3倍。

它的营销策略是通过专攻单一产品来树立品牌形象，之后在筑牢质量基础的同时努力拓宽产品范围。

第四章
今后要敢于挑战 D2C 模式

D2C 模式的 5 个优势

在新冠疫情期间中，人们一直认为普通商品的销售陷入了困境，但其中 D2C 企业的销售额却保持持续增长。为了找出真正原因，本章首先从 D2C 模式的优势进行分析。

优势① 数字化技术保证高利润率

例如，百货商场内服装企业的批发流程一般为"制造商→批发商→分销商→零售商→消费者"。这种流程的优势在于制造商可以专注于产品生产并持续性大批量采购物资，但是需要向中间运营商支付高额费用成为不可避免的弊端。

如果企业拥有自己的店铺，那么就可以减少支付给中间商的费用，但这样又会增加租赁费、水电费和人工费等成本。

D2C 商店是通过互联网来完成销售的，这比实体店铺销售更能够极大地降低成本。

优势② 数字化直销有利于减少中间手续费

在互联网上开店就相当于在一家具有高知名度的大型商业中心开店经营。

虽然不能说只要开店就一定生意火爆,但试想如果在你家附近的大型商业中心新开了一家店铺,那么你多半会产生一探究竟的冲动。

虽然人气高涨就意味着竞争对手众多,但只要有人愿意前来看上一眼,那么花点儿心思让顾客留意到自家店铺也并非难事。另外,店铺还可以加入商店街的打折活动,这样就可以不费精力地进行品牌宣传了。

但是,在购物中心开设店铺需要支付摊位费和月服务费等固定费用。另外,许多购物中心还会从每笔交易中抽取一定比例的手续费。

相反,如果企业通过自家电子商务网站进行交易,那么这些成本都可以削减。虽然网站的创立和运营会产生一定的成本,但比起不断向购物中心支付固定费用而言要便宜得多。

优势③ 可以存储消费者的相关数据

商品批发模式的优点是可以在一定程度上预测销售额及实现大宗交易,缺点是几乎无法与消费者进行沟通。

这些特征不仅存在于商业中心的店铺之中，而且也会出现在互联网购物中心的店铺之中。D2C 商业模式的核心是直接进行商品销售并从消费者那里获得反馈意见，同时还可以收集到能够反映消费者整体消费倾向的数据。

优势④　消费者的意见能够立刻反映在产品之中

D2C 企业通过本公司网站和网络社交平台等各种工具与消费者建立联系，这有利于立即将消费者的反馈意见运用到改善产品和服务中。

在普通的批发业务中，过多的中间商参与会导致消费者意见基本上无法传达到开发者耳中。另外，即使开发者在听取消费者意见后进行了产品升级改造，结果也很难将该信息告知消费者。除此之外，开发者想要了解消费者对于升级改造后的产品持何种态度也需要花费大量时间，因为两者之间存在着数不胜数的中间商。

与此不同，D2C 企业能够实时听取消费者的意见并立即给出反应。

它们从消费者那里得到反馈意见后立刻进行产品改造，之后再向消费者询问反馈意见。在如此循环往复的过程中，这些企业就同消费者建立起更加牢固的信赖关系。

另外，喜欢该品牌的粉丝会积极地在网络社交平台上对该品牌进行分享或宣传。消费者不再是普通的消费者，而是负责品牌宣传和营销的重要一员。

服装品牌 ALLYOURS 诙谐地将参与品牌宣传的消费者称为"共犯"并积极筹建粉丝团。他们邀请消费者参与到产品开发过程中，有时会举办访谈活动进行对话，有时则一起去粉刷东京池尻大桥分店的墙壁。这就是通过服装建立起来的社群。

"共犯者"们不仅可以获得原创名片，而且还有权利获得品牌的非公开信息并对产品开发提出意见，甚至还能够享受网点购物免邮费以及参加交流会等各种优惠服务。这一度成为热门话题，引起了人们的广泛讨论。

女性媒体 RiLi.tokyo 旗下的 @ RiLi.tokyo 按照杂志版面的样式来运用照片墙与消费者进行交流。作为一家用户参与型时尚媒体，它主要生产、销售那些在媒体上引起广泛共鸣的产品。该媒体始终与它所运营的照片墙账号保持相同内容和风格，这样消费者无论通过哪个途径都能够充分了解其产品。另外，它还通过创立"# 小 RiLi 儿"等标签来与粉丝共享产品理念。

COHINA 是一家专门为小个子女性设计服装的品牌，它会在所有图片中记录模特的身高，以期通过这种发自内心的人文关怀来吸引更多的粉丝。它会起用一批与消费者身高相似的模特在照片墙直播过程中一边介绍产品一边与观众互动，这样就能够引导消费者产生共鸣和购买欲望（参见第一章的采访报道）。

优势⑤　直接向消费者传达品牌吸引力

当你准备在乐天等电子商务平台上开办店铺时，就会不可避免地运用那些与购物中心实体经营毫无二致的设计方案来销售产品，因为这些平台都采用了大同小异的经营框架。

这种形式很难将品牌理念直接传达给消费者。

人的第一印象是在 3 秒钟之内形成的（梅拉宾法则）。第一印象对于电子商务网站而言也是至关重要的。想来每个人都曾经有过搜索、点击某个网站之后瞬间返回上一主页的经历，因为网站上展示的产品根本不是自己想要购买的东西。

在实体店中，消费者可以亲眼看到产品并聆听售货员的产品介绍。但 D2C 店铺能否吸引消费者则完全取决于其电子商务网站是否给消费者留下了良好的第一印象。

这也是为什么许多 D2C 企业会选择通过自家电商进行产品销售。因为这样就可以将品牌的世界观、价值观、产品详情和特色等信息通过电子商务网站直接传达给消费者。

在 D2C 模式下创业成功的难点

以 D2C 模式进行创业有许多优势，但也面临着许多困难。

第一，D2C 企业难以制订利润计划。因为这种模式不是依靠广告来吸引顾客，而是通过品牌推广和吸引粉丝来进行营销。

在"广告→销售"这种简单的销售模式中,只要营业额超出包括广告费用在内的一切成本即为获利。但很多D2C企业是从吸引粉丝开始入手,因此很难预测何时何地以何种方式来赢利。

第二,D2C企业与购物中心和实体店不同,它需要完全依靠自身力量来扩大顾客群。为了让更多的顾客了解产品和品牌,他们需要自行制作并运营广告、网络社交平台和网站等。

第三,D2C模式下需要花费比普通产品开发更多的时间方可步入运营正轨。许多成功的D2C企业在开始营销之前都会花费半年到一年甚至更长的时间来进行产品开发和粉丝团队建设。

这三大课题不仅是D2C企业要解决的问题,而且也是初创企业要面临的挑战。可以肯定的是,所有成员尤其是主要负责人必须全身心地投入到企业之中。如果不能在时间、成本、努力、热情这四个方面倾注全部精力的话,那么企业就很难获得成功。

虽然通过事前耕耘可以创造出粉丝群体或进行良好的品牌推广,但如果缺乏资金和时间等方面的支撑以及奋斗热情的话,那么项目就有可能在步入正轨的过程中屡屡受挫。

第四章
今后要敢于挑战 D2C 模式

利用现有产品实现 D2C 化而非从零开始

D2C 模式中存在以下三种角色：①企业家（创业者）；②内企业家❶（大型企业的创业团队）；③现有制造商。

其中，现有制造商以不同于以往的销售方式创造出具有 D2C 模式典型特征的产品和品牌。这种趋势预计会在未来社会中得到进一步发展。

企业如果过去一直以批发形式经营业务的话，那么必然会具备一定的产品制作经验和技术。此时就可以在现有产品的基础上创造新客户或者站在全新视角进行产品开发，这比从零开始创建一个 D2C 品牌要节省许多成本。

另外，制造商根据现有课题创建的新品牌很容易衍生出新的品牌故事或经营理念，这也非常有利于创业成功。

站在制造商的角度，创建 D2C 企业的第一步是要彻底了解消费者。企业可以通过召开座谈会和产品开发会等方式来重新审视品牌的价值，认真考虑要向每一位以往无法直接接触到这一过程的消费者提供怎样的产品。

收支稳定的批发和稳定的消费者是维持 D2C 模式良好运

---

❶ "内企业家"最早由美国学者吉福德·平肖第三在其著作《创新者与企业革命》中提出。内企业家也被称为"内部创业者"，是指那些在现行公司体制内富有想象力、有胆识、敢冒个人风险来促成新事物出现的管理者。——译者注

行的重要因素。如果 D2C 企业能够筑牢这两大支柱,那么就能够在不断变化的市场中立于不败之地。

【案例】为何提起 D2C 洗发水就会想到"BOTANIST"?

BOTANIST 在 2019 年 3 月推出了个性化洗发水品牌 My BOTANIST,卖家只需要顾客配合回答 9 个问题就可以根据他们的发质和烦恼,为他们提供量身定制的专属洗发水。

自 2015 年发售产品以来,BOTANIST 系列的累计销量突破 5000 万瓶并一举成为超高人气产品。虽然该品牌推出了柔顺、保湿、发质修复和头皮护理等多个系列产品,但是卖家意外地发现许多顾客会将不同系列的洗发水和护发产品组合在一起使用。受此启发,BOTANIST 便开始推出个性化服务项目。

BOTANIST 在分析购买数据后发现,每个月有超过 2000 名在线会员会同时购买不同功效的洗发水和护发产品进行组合使用,甚至同时使用 4 种产品都不能够满足顾客的需求。由此可见,顾客的需求正在变得多样化。

BOTANIST 系列不仅设计出多款不同功效的产品,而且还提供多种香味和款式供顾客选择,这无疑促使其发展成为人气品牌。在人们对该系列产品情有独钟的影响下,My BOTANIST 也立刻引起了广泛关注。

另外,该企业于 2020 年还推出了该系列最高端产品——BOTANISTPREMIUM。

第四章
今后要敢于挑战 D2C 模式

2017 年,BOTANIST 在原宿开设了实体店以供顾客亲身体验其产品效果和服务理念。与此同时,该品牌还创办了以 BOTANIST 产品为销售重点的天然有机产品精品店以及提供原创菜单的咖啡厅。另外,该品牌不仅是一个洗发水品牌,而且还是一个经营护肤品等产品的生活方式品牌。

BOTANIST 在女性消费品这一片红海❶领域内迅速获得巨大成功的主要原因在于其稳扎稳打地进行顾客分析和品牌推广。当时只有一小部分对流行要素较为敏感的人群会将照片墙作为营销工具,并在与顾客沟通的过程中不断促进品牌发展壮大。如今,"晒照文化❷"和"影响者文化"已经深深地渗入人们的日常生活之中,而作为其缔造者的 BOTANIST 正是通过网络服务提升知名度后再转战线下——这可以称得上是 D2C 模式的精髓。

---

❶ 所谓"红海"是指在已知的竞争激烈的市场空间中展开激烈竞争。与此相对的"蓝海"是指在目前还没有任何竞争对手的产业领域内开展事业并打开一个未知的市场空间。——译者注

❷ 原文中作者用了"映える文化"一词,其中的"映える"特指"インスタ映え"。该词汇是日本网络流行词,"インスタ"是指用于分享图片的社交应用照片墙,而"映え"原本是指在明亮阳光照射下而闪耀着比周围事物更美丽耀眼的光芒,此处引申为"尤为出色、夺人眼球"之意。全词意思是为了在社交媒体照片墙上引起关注而发布一些关于美食、时尚、美景的优质照片。——译者注

第五章

如何打造一个成功的 D2C 企业?

第五章
如何打造一个成功的 D2C 企业？

打造最强 D2C 企业的 8 个方法

在前面的章节中，我通过实际案例向大家介绍了 D2C 企业的魅力和优点。在本章中，我将以 8 个方法为线索为大家讲解创建 D2C 企业的最基本方法。这 8 个方法是我根据自己的业务经验和采访体验总结得出的，也是目前大部分 D2C 企业所采取的措施。

具体内容将在下文中进行阐述。

当然，这些都是根据以往经验总结得出的。如果除上述 8 种方法外还有其他举措能够改善客户体验，大家也可以酌情采用。

方法① 创造出让人有持续购买欲望的产品和品牌

D2C 品牌的难点在于很难在质量上弄虚作假。在成熟的市场中，顾客会非常重视体验感，最根本的还是渴望获得质地精良的产品。在大多数情况下，他们希望自己购买的产品质量超过一般产品。反过来说，如果没有"质量"这个有力武器的话就很难构建 D2C 品牌。

最理想的状况是卖家能够提供与以往产品相比具有明显质感差异的产品。如果不能如此的话,那么卖家就要重新审视自家企业的 D2C 商业模式了。

另外非常重要的一点就是产品本身必须要让顾客产生持续购买的欲望。

方法② 明确强调消费者获得的价值

无论某款产品质地如何精良,大多数消费者也只会根据它与以往产品之间的差异以及购买体验来对产品作出评价。

因此,我们必须要向消费者阐明在购买产品后将会获得何种价值与体验。基于这种理念,企业要大胆地制定战略来展示自己。

最理想的情况是产品本身的质量、功能和服务能够让消费者一眼就察觉出它与以往任何产品都截然不同。即便是面对那些无法用肉眼感知差异的产品,企业也要认真考虑消费者能够获得哪些价值(例如,鞋类的舒适度或饮用某款饮料之后的感觉等)并制订销售计划。

方法③ 在发售产品之前积累大量的热心粉丝

具有 D2C 思维的消费者既是热衷于产品的忠诚粉丝,也是会通过口口相传和网络社交平台等渠道进行产品宣传的公关用户。从创新者理论的角度来看，这类人属于"创新者❶"或"早期使用者❷"。创新者最好在产品开发之前就已经出现，正如我们采访过的许多企业那样，他们都是从创业之初就通过开设自媒体和油管频道等方式讲好品牌故事来吸引大量的热心粉丝。

方法④ 在互联网上直接招揽顾客或寻找销路

D2C 企业要确保拥有一个可用于传达品牌价值的销售空间并将其作为与顾客的持续联络点。首先，我建议大家要在互联网上建立自有商店。理想的自有商店应当具有如下特征：①能够承受持续性运营和改善；②在产品宣传阶段能够承受突然暴增的访问点击量；③有助于推动自家公司的品牌建设等。

在当下（2021 年），我推荐大家使用 Spotify 平台，因为它能够高度满足上述条件。Spotify 虽然没有特别突出的功能，但却是一个具备必要功能的均衡系统。另外，它的魅力还在于

---

❶ 指热衷于购买创新产品的人群。如果他们沉迷于某项技术的话，就会毫不犹豫地将其购入。——译者注

❷ 这类人群能够敏锐地捕捉到社会流行因素和新的产品信息，看重实用价值。他们会在某项技术真正流行起来之前就将其购入。——译者注

它允许通过添加其他应用程序来随时随地满足多种需求。

方法⑤ 从异于行业巨头的角度着手

在开发新产品之时，我们当然要特别关注它不同于以往的价值和性能。但 D2C 企业不仅要做到产品的价值和性能有所改进，而且还要站在全新视角进行产品开发。换言之，真正的 D2C 企业就要站在不同于以往的视角来解决问题。

由此可见，改变认知是非常重要的。

改变认知和视角不仅关系到产品，而且还涉及企业和品牌本身（品牌建设）。

通过明确自身定位来展现全新视角，这样才能够向大众宣传包括产品真实性在内的独特企业理念。

方法⑥ 促使内部衍生或自发形成社群

对于 D2C 企业来说，直接倾听顾客意见是一个重要课题。我们不能只通过简单的问卷调查或市场调查等来获取有失偏颇的答案（此时的回答往往有违被调查者的真实心意），而应该认真地与顾客展开交流并听取他们的真实想法和意见建议等。对此，建立社群是最佳途径。

方法⑦ 大力推动"事项提案"

区分 D2C 产品和非 D2C 产品的关键在于"事后体验"是否明确。哪怕只是产品包装或宣传单也要通过认真策划来传达统一信息。此时要关注的并不是如何进行销售,而是着重强调产品的使用方法以及会给顾客带来哪些益处。

方法⑧ 站在顾客的角度说话并倾听他们的声音

D2C 企业背后的原动力是顾客和粉丝。如果想要和他们进行直接交流,就必须和他们站在同一角度共同探讨问题并引导他们产生积极应对未来挑战的共鸣感。

在与顾客接触的过程中,我们必须尽可能地消除"提供者"和"接受者"之间的身份隔阂并引导粉丝群体愿意与我们共同打造品牌。

打造 D2C 品牌不败神话的具体措施

上述 8 种方法只是阐明了应该做的事情，还停留在理论层面。接下来，我们来看一下如何将其应用于实际行动之中。

措施① 通过众筹吸引志同道合的粉丝

众筹和 D2C 模式是一对非常契合的好搭档。

原因就在于 D2C 企业通过众筹方式不仅可以获得资金支持，而且可以结交一些志同道合的粉丝。这些粉丝在创业前期会对事业发展提出有效反馈意见，这是无法用金钱来替代的。

在某些情况下，企业甚至可以出于结交朋友或吸引粉丝的目的进行众筹并邀请他们参与到确定价格的环节之中。由此可见，营造一种"同呼吸、共命运"的认同感是极为重要的。

措施② 召开座谈会（产品研讨会）

企业需要召开座谈会来邀请顾客亲自将产品拿在手里进行实际感受并提出意见建议。为了尽可能收集真实意见，企业还可以直接与那些在网络社交平台上对产品予以差评的顾客进行深入交流，这样更容易取得成效。我强烈推荐没有进行众筹的企业实施这种方案。座谈不但是听取顾客意见的良好时机，而且更是直接与伙伴和粉丝见面的绝妙机会。

措施③ 灵活运用网络社交平台开展促销活动

提到 D2C 品牌的促销活动，首要选择就是灵活运用各种网络社交平台。因为这对于创造忠实粉丝和建立社群而言是必不可少的环节。

企业在创立 D2C 品牌之后，首先应该应用的网络社交平台是推特和照片墙。因为推特有字符数限制，所以营销者可以轻松地和粉丝进行交流。另外，当某个话题引发广泛热议的时候会爆发出惊人的传播力。在这一过程中，网络社交平台已经不单单是人与人相互联系的工具，而且还具备信息互通的功能。

时代正在从"Google 检索"向"标签检索"转变。换言之，人们不再通过关键词来进行搜索。这是一个通过话题标签来寻找个人喜好的时代。

据说日本用户通过主题标签进行搜索的次数是全球平均水平的 3 倍。另外，主题标签本身也因为在推特上得以广泛使用而成为表达工具。日本用户不仅会通过标签去集中搜索社交网络上的热门投稿以获得最新资讯，而且还会通过独特方式为某个话题打上标签来表达自身看法。

换言之，日本就是标签文化的中心。

为了顺应用户的这种信息传播行为，照片墙也于2017年12月更新系统并添加了标签关注功能。如此一来，用户就可以通过"#薄饼"等各类标签来查看相应的内容了。

在"标签检索"潮流的影响下，用户能够获得比普通网页更加真实可靠且实时更新的大量信息。

照片墙是一种基于照片文化的交流方式，它能够真实有效地向消费者宣传品牌形象。另外，由于它增加了直接购买功能（Shop Now），所以成为重要销售渠道之一。

措施④　照片墙直播蕴含着巨大潜力

照片墙上有一种名为"照片墙直播"的功能，它允许用户轻松简单地进行现场直播。这是一种非常有利于企业与粉丝进行沟通的渠道。

COHINA是一个以身高低于155厘米的小个子女性为主要服务对象的D2C时尚品牌。自2018年1月全面亮相以来，该品牌的销售额一路攀升，2019年3月的月销售额甚至高达5000万日元。

该企业灵活运用照片墙的直播功能吸引了大量粉丝，这种做法引起了社会层面的广泛关注。

COHINA 身高 148 厘米的创业者的最初创业设想是希望更多的小个子女性能够穿上合身的衣服。该企业聘用了 15 名身高低于 155 厘米的工作人员每天轮流上阵在照片墙进行直播来发布服装信息。目前，COHINA 的照片墙粉丝人数超过 15 万人并成功建立起一个强大的粉丝群（参考第一章的采访内容）。

措施⑤ 直播带货，销售当下

营销人员和有网络影响力的人通过直播等途径推广、销售产品并引导消费者进行消费的行为被称作"直播带货"。

这种方法的时效性和途径限制性能够强烈刺激消费者的购买欲望。目前，中国境内的直播带货产业发展异常迅猛。根据 2019 年的调查数据显示，中国的直播带货产业市场规模约为 4300 亿元人民币（约 6.4 万亿日元）。预计今后的市场规模将进一步扩大。

从珠宝首饰和汽车等高价产品到与生活息息相关的房地产，这些产业都被纳入直播带货的范围之内。由此可见，这种方式有利于企业打开一片新天地。

措施⑥ 通过定期邮购（订购）的销售方式来吸引顾客

不停留于一次性购物而是定期半永久性地进行产品销售的模式被称为"定期邮购（订购）"。对于商家而言，这有利于他们更加详细地把握顾客数量从而更容易预测销售额。对消费者来说，这样做的好处就在于可以定期收到日常必需品来实现轻松购物。另外，客户并非每个月都一成不变地收到相同产品而是会从中获得全新体验。卖家会根据外界环境以及客户实际需求有针对性地推荐不同的产品。卖家会努力生产制造出能够持续刺激消费者购买欲的产品并同他们建立长期合作机制。这是一种典型的D2C销售方式。

稳定的购买机制可以赋予产品更高的生命周期总价值，同时又有利于卖家同顾客保持长期的亲密关系。因此，大多数D2C品牌都会采用这种销售方式。一旦获得客户的信赖认可，那么品牌之后的销售额就能够实现稳定增长并吸引更多的客户。

订购本身是一种传统的销售方式，但近年来再次受到关注的原因是消费者的关注点已经从"拥有"转向"使用"和"体验"。另外，财富衡量标准也已经从"拥有"转向"体验"，而选择极简生活方式的人也逐渐多了起来。这也在一定程度上起到了促进的作用。

措施⑦　以经营品牌游击店和共享商店的形式销售产品

租用百货商场或车站一角限时开设的店铺被称为品牌游击店。

这种模式要求在限定时间内提供固定设备，因此能够比开设普通商店节约更多成本。另外，它还可以帮助买家直接掌握顾客的反应，因此许多 D2C 品牌都会开设品牌游击店。

以品牌游击店的形式销售产品的最大好处就是可以真实感受到自家产品是否真的被市场所接受。另外，它还能够吸引许多买家、风险投资者以及其他相关人士的关注。如果你的产品具有足够强的吸引力，那么他们会毫不犹豫地付款购买或者同你建立业务合作机制。

另外，这种模式还能够解决网络销售中的最大问题——顾客无法亲自将产品拿在手中进行细致观察。特别是在服装行业，消费者需要实际感受服装质感并选择合适的尺寸。

对粉丝而言，品牌游击店为他们提供了一个能够直接与品牌传播者接触的机会。因此，卖家尽可能创造出一个能够展开平等交流的场所并同粉丝建立新型合作关系是最为理想的状态。

措施⑧ 为什么联盟广告被称作"毒馒头"？

所谓联盟广告是指众多小网站联合起来形成一个统一的广告发布平台，广告主投放的广告在所有联盟网站均能展现的一种广告形式。另外，企业还必须为每一笔产品交易支付相应数额的费用。

大多数在日本国内具有代表性的 D2C 企业都在使用这种广告发布形式。有些企业会把是否将联盟广告作为主要宣传途径称作"踏绘"❶，甚至也有人会将其比作"毒馒头"。为什么投放联盟广告会具有如此巨大的影响力呢？

因为这种行为背后隐藏着否定 D2C 模式的风险。这不仅有损品牌价值、会切断顾客对产品的依赖，而且还会从根本上破坏直销模式以及客户联络机制。

联盟广告在一定程度上会限制刊登内容，但如果它想要获得更多收益就必须放松限制并允许外部广告商按照自己的意愿来创建网站。

一旦放松限制就有可能会创造出意想不到的广告。因为在联盟网站上投放广告本身就有可能破坏顾客对产品和品牌的

---

❶ "踏绘"是日本人在德川幕府时期发明的一项仪式，目的是验证他人是否为基督徒。在现代语境中，该词引申为"检查思想的严厉手段"。——译者注

信任感。

言及此，或许有人会认为没有必要继续冒着极大风险去投放广告，但实际上联盟广告仍然具有强大的吸引力。

老客户的体验是非常重要的

第一，老客户的实际使用体验具有普通广告难以企及的强大号召力。大多数消费者并不在意广告，但十分重视老客户使用产品之后的体验和感想。如果某家企业能够在非强制的前提下促使客户自发给出好评，那么就可以断定它已然建立起了具有非凡魅力的反馈机制。

第二，老客户会写一些官方无法言说的内容。虽然在许多领域内都存在夸大性广告宣传的灰色地带，但企业外部人员往往喜欢写一些官方无法直接言说的内容。不过在大多数情况下这种做法是不可取的，特别是涉及较多法律要素的产品时更应该加以严格限制。

第三，可以同时展示大量的真实客户故事。当我们在搜索引擎上搜索某一产品名称时，就会出现一整列对该产品进行正面评价的网站。

许多消费者往往觉得获得大家认可的产品一定是好的，这也是在联盟网站上发帖的一大优势。

由此可见，联盟广告既存在巨大优势也存在一定风险。经营者需要结合本公司的商业战略酌情考虑。

第五章
如何打造一个成功的 D2C 企业？

　　对于那些着力打造 D2C 王牌企业的经营者而言，包括联盟广告在内的一切广告形式都会令他们感到担忧。但实际上，也的确有一部分消费者想要通过联盟网站的广告链接进行产品购买和评价。成熟的客户消费活动是孕育 D2C 模式的土壤，但实际上目前还没有达到理想状态。如果你认为 D2C 企业应该为客户提供他们所期待的体验，那么就应该将联盟广告视作业务战略的一环并为其保留一席之地。（联盟广告的益处在于它可以促使销售业绩实现快速增长，同时我们也不能忽略它的风险性）。

后　记

虽然许多人对 D2C 模式有一定程度的了解，但他们并没有真正把握其内在价值。我编写此书的目的就是想促使他们意识到原来通过如此有趣的思维方式和方法就能够建立起一个强大的企业。

想必大家在日常生活中也曾注意到文中所提到的品牌和产品，甚至有些读者已经成为这些品牌的忠实顾客。

D2C 的思维方式已经渗透到各个领域，D2C 也不再单纯是一个流行语或者晦涩难懂的营销术语。

作为一种商业模式，它以前所未有的强度将卖方和买方紧密地联系在一起并实现共同成长。可以预见，在今后的各行各业内都将诞生出许多关于 D2C 模式的成功案例。

我非常感谢您在百忙之中阅读此书，同时也希望您的事业能够得到更多人的认可并创造出更加优秀的产品。

角间实